中高生のための
# 「探究学習」入門
テーマ探しから評価まで

中田亨

光文社新書

# はじめに

## 「探究学習」とは何か?

最近、『探究学習』がブームのようです。高校の前を通ると、「柔道大会　優勝　○○さん」とか「俳句大賞　優秀賞　○○さん」といった、生徒を顕彰する垂れ幕や横断幕をしばしば見かけます。その中に「探究コンテスト」なるものも交ざるようになりました。

この『探究学習』とは何でしょうか。一言で言えば、自分で謎《なぞ》を見つけ、それを自分で解くことです。それが学校の科目になっています。従来型の科目では、教わる内容は全員共通のものがあらかじめ決まっていて、それを淡々と伝授されるというものでした。『探究学習』では、何を調べるかから、どう調べるか、どう取りまとめるかまで、生徒が自律的に決めて進めていくことになります。

名称がややこしいのですが、正式には高校では『総合的な探究の時間』、小中学校では『総合的な学習の時間』と呼ばれます。どちらもテーマを設定して、深く調べるということには変わりありません。「総合的」というのは、特定の科目の内容だけに限らないで、テーマを自由に選び、いろいろな知識を組み合わせて考えるという意味です。これとは別に『古典探究』とか『日本史探究』『理数探究』といった、特定の科目内の（つまり「総合的」ではない）『探究』もあります。

謎を見つけて解き明かすことは、とても楽しいものですし、謎解きの能力は、社会に出てからも役に立ちます。また、学校側としても、独自色を打ち出しやすい目立つ活動ですから、力を入れるところが増えています。

かたや従来型の科目で教わることは、わざわざ人間が勉強しなくても、人工知能を使えばたいていのことは解決するようになりつつあります。たとえば、英語を勉強しなくても、自動翻訳機を使えばよいのです。ちょっと前までは、自動翻訳機が作る文は直訳調で、ぎこちなかったのですが、最新の技術によるものは非常に流暢《りゅうちょう》です。英語1つだけなら人間でも勝負できるでしょうが、他の10や20の言語についても翻訳できるかと問われれば、人工知能の能力は人間の及ぶところではありません。

事ここに至って、何を勉強するべきか。それは「勉強する方法」の勉強ではないでしょうか。人工知能が知らないことを、自分で勉強して自活していく力。それが探究学習のねらいです。

研究者には、あちこちの高校からインタビューの申し込みが来ます。探究学習の一環として、生徒が調べたいことを専門家に尋ねたいということだそうです。

たとえば、

「人工知能がどんどん発達すると、知的能力で人間と差のない存在になるかもしれません。人工知能と人間の違いとは何でしょうか？」

といった質問が来ます。私の答えはこうです。

「人間と人工知能との本質的な違いは、忘却できるかという点です。過去をなかったことにして存在できるかということです。清水玲子の漫画『竜の眠る星』（白泉社）は、それがテーマになっています。読んでみてください」

「漫画を読め」という変化球の答えをわざと返します。

情報提供では、相手が予想していない答えを返さないと意味がありません。哲学者のヴィトゲンシュタインは、「教育とは、教え子が好きな味の料理を出すことではなく、味覚を変えることだ」と言っています。未知のものに触れて、考え方を多少なりとも変えることが「探究」の本質です。

### 探究学習の要点と、具体的な手はずを教えます

自律的学び。これは学校教育の中では異色の存在です。この変化に生徒はついていけるでしょうか？

イソップ寓話《ぐうわ》に、「俺はロドス島で開催された競技会で、誰よりも大きく跳《と》んだ」と自慢する選手の話があります。それを聞いた聴衆は「ここがロドスだ。ここで跳べ！」という野次を浴びせました。つべこべ言わずにやって見せろという意味です。

「私は勉強が得意だ。この前のテストでは1位だった」と言う生徒が、「では探究学習も楽々できるよね。さあ、やってみろ」と言われて、うまく進められるとは限りません。逆に、「私は勉強が苦手だ」と言う生徒が、探究で苦戦するとも限りません。自律的学びは、他の教科とは違いすぎるのです。だからこそ、綿密なガイドが必要といえます。

ほとんど経験がない自律的学びを求められるのでは、探究学習は難しい、と敬遠されそうです。しかし、学校での授業としてやることですから、あくまで練習です。**失敗してもいいのです。何かを一生懸命に活動すれば合格です。**

これは大学での学生の研究でも事情は同じです。卒業研究は参加賞。修士研究は努力賞。まじめに活動した人なら誰でも合格点をもらえます。

一生懸命で大いに結構ですが、危険もあります。探究のガイドで最も心を砕《くだ》かねばならないことは、倫理と安全の問題です。ものを調べることは危険を伴います。自分の調査が誰かの秘密を暴くことにならないか。著作権を侵害しないか。調査結果にうそが交じっていないか。活動中にケガをしないか。残酷な実験にならないか。

本人は善《よ》かれと思った調査であっても、他人に思わぬ迷惑をかけたり、社会の批判をまねいたりする活動になってしまうという落とし穴が、あちこちに待ち構えています。

「倫理や安全で問題を起こすべからず」という大原則は、無難さだけをねらったものではありません。それは価値のある探究学習を創るという大目標と表裏一体です。粗雑な探究は、活動が行き当たりばったりになって、調査として成功しないだけでなく、ケガやトラブルにつながる可能性が高まります。何を調べるべきかをしっかり考えてから取り掛かれば、活動の計画も詳細に立てられて、トラブルも減り、よい成果を生むことになります。

探究は要点を押さえれば、調査の方向が定まり、活動の段取りも組み上がって、順調に進められます。

思えば、探究は特殊なことではありません。調べものをするとか、改善策を考えるといった探究的な課題は、仕事や日常生活の中で当たり前に登場します。個人的に気になる事柄について独学で研究する人も多くいます。**探究する力の大切さは、学校に限った話ではないのです。**

本書では、アイデアをどう生み出すか、調査をどう進めるか、結果をどうまとめるかについて、具体的な手はずをガイドしていきたいと思います。

# 「探究学習」入門

目次

## 第2章

## テーマを見つける……37

## 第3章 探究活動の安全と倫理……89

第5章

# 調査と実験のコツ……139

第6章

本文図版作成・キンダイ
本文デザイン・熊谷智子

# 第1章　探究学習をなぜやるか

## ◆卵の殻を破る

ケネディ大統領は「なぜ我々は月に行くのか?」という問いに対して、「簡単だからではなく、困難だからこそ行くのだ!　この目標が、我々のエネルギーと能力を組織立て、それを測ることになるからだ!」と言いました。挑戦の対象物ではなく、挑戦する人々を変革することに真のねらいがあるというのです。

探究学習の目的も同じです。突き詰めていえば、自分自身の人間像を知るために取り組むものです。自分は何が好きで、何をやりたい人間なのかを知るための、自発的な活動なのです。進路を見つけるための活動といってもいいでしょう。

一般の教科では内容が事前に決まっているのに対し、探究学習では学ぶテーマを自分で見つけ、学び方も自分で作ることになります。何をするのも自分の勝手です。高すぎる目標を掲げると到達できません。低すぎる目標ではくだらない結果しか得られません。自分は何をしたいのか。自分はどこまでできるのか。それらは自分と対話して自分で決めるべきことです。

探究学習自体は小さな活動であり、好きなことを選んでよいし、失敗しても構わないものですが、それを通じて自分の実像を見つめる経験を得ることだけは欠かせません。「**汝**《なんじ》**自身を知れ**」が目的なのです。

生徒にとって、自分の進路を決めることは重大な問題であり、簡単には結論が出せません。とはいえ、時間の猶予《ゆうよ》はあまりありません。最終決定をなるべく後回しにしたいから、とりあえず大学に入ってからゆっくり考えるという人もいますが、それですら大学入学前に、文理の別や、学部、学科を選ばないといけません。将来自分が就ける職業がどんどん絞られていきます。

10代での進路選択は、人材の早期育成という観点からすれば仕方がないことですが、それでも早すぎるといえます。孔子は、40歳で迷わなくなり、50歳で天命を知ったと言っています。「大きくなったら何になりたい?」という問いに対して、50歳頃になってようやく答えられるようになるということです。

若くてもとりあえず何らかの進路を選ぶしかないのですが、しっくりこないという感覚は残ります。大学に進学したものの、学科の内容が自分の性に合わず、全く異なる分野の仕事に就く人も多いものです。若ければやり直しは利くので何とかなりますが、遠回りであることには違いありません。

とはいえ、「ある進路を選んでみたが自分に合わなかった」と気付けるのであれば、まだましな結果といえます。本当の悲劇は、「自分にぴったりな仕事があっても、その存在を知らないから選べない」という、痛みを感じないが被害は甚大というパターンです。

理系に進学する女性は少なく、わけても工学、特に機械工学は極端に女性比率が少ないものです。これは世界的にも同様で、機械工学の女性教授は外国の大学でも珍しいといえます。「機械工学?　よく知らない。重い歯車を扱うようだから、男の仕事?」という先入観が世の中にはあります。そのため、機械工学科に自発的に進む女子学生は滅多に出現しませんし、勧める保護者や教師も少ないのです。

実際のところ、機械工学科の授業ではどんなことを教えているのでしょうか。

私が受けた講義で、某教授は「1986年のスペースシャトル・チャレンジャー号爆発事故の直接原因になったことからも分かるように、円筒圧力容器で円筒面にシールすることは望ましくない（円筒形の燃料タンクでは、曲がった面にゴムを詰めて液漏《えきも》れを防ぐ方式は望ましくない、という意味）。しかし、あえてそういう設計にしたのも理由がある」とおっしゃっていました。機械の設計では、やってはならない禁じ手がある一方で、多少は妥協しないと全体としてまとめきれないということを教えていたのです。これくらいのレベルで「技術思想」を教わります。「歯車の扱い方」といった即物的なことを勉強するわけではないのです。

こうした、具体的で人間臭い話に接してみないうちは、その世界が本当はどういう世界なのかを知ることができません。知らないというだけで工学系を進路の選択肢から外してしまうことは、もったいないことです。

理系に進めば、わくわくする科学を体験できたり、高給取りの技術職に就けたりするかもしれないのに、それでもなお選ばないということは、「女性は文系」という先入観が強いのでしょう。しかし、その先入観にはろくに裏付けがありません。

18〜19世紀のイギリスでは『レディーズ・ダイアリー』という、暦《こよみ》と家庭便利帳を兼ねた女性向けの雑誌が出版されていました。なぜか、この雑誌の数学パズルのコーナーが人気で、高度な数学の問題すら出題されていました。イギリスの女性にとって、数学は身近なものだったのです。

自分は世界を知っているつもりであっても、実際は大して知らないものです。ソクラテスも孔子も、「自分が無知であることを自覚することが智である」と言っています。自分が知っていることだけで結論を出すのは愚《おろ》かです。しかし、知らないことは知らないので、この愚かさから抜け出すには大変な努力を要します。

ヘッセの小説『デミアン』に、鳥は世界に出るために、卵の殻を破るという話があります。この殻とは、自分が今、持っている狭い世界観です。殻が壊れないままでは、自分の知らない世界の進路を選ぶことはできません。世界観をわざと壊すように活動しないとならないのです。

世界観は人それぞれです。それを広げるのに万人共通のことをやっても仕方がありません。

自分が何を学ぶべきかは、自分自身に尋ねなければなりません。そこで、自分で学びを作る探究学習の出番となります。

コラム

## 「未知の物事」の推定式を発明したグッドとチューリング

自分が知らないことはどのくらいあるのでしょうか？

現在までに発見されて学名がついている生物の種類は約１８０万ですが、未発見の種はその数倍から数十倍いるといわれています。

未知の物事の量を推定することは、科学的にも重大な課題なので、様々な推定式が提案されています。その代表として「グッド・チューリングの推定式」が挙げられます。グッド博士がこの推定式を発表した論文には、ちょっと不可解な点があります。グッド博士は論文の序論で、この推定式のアイデアの基本は、チューリング博士が直感的な例を使って教えてくれたものであって、この業績の大部分は彼に帰すべきであり、また論文発表を許してくれたことにも大いに感謝する、と、はっきり書いています。

そうであるならば、チューリング博士は筆頭著者に、少なくとも論文の共著者になっ

ていなければいけませんが、そうなってはいません。科学者にとって、著者になること
は大切なことなので、この事態は奇妙です。

チューリング博士は、イギリスのお札に肖像が使われているほどに、著名で偉大なコ
ンピューター科学者です。彼の名前を冠した「チューリング賞」は、コンピューター学
界のノーベル賞といわれています。

しかし、彼は波乱の人生を歩みました。第2次世界大戦中は、敵の暗号を解読する大
活躍をしたにもかかわらず、戦後は同性愛者であるとして逮捕されてしまいます。当時
のイギリスでは同性愛は違法でした。怪しげなホルモン治療を受けさせられ、ほどなく
して自殺してしまいます。彼の栄光と破滅の半生は映画になっています（『イミテーシ
ョン・ゲーム／エニグマと天才数学者の秘密』）。

グッド博士の論文が発表されたのは、チューリング博士にとって、逮捕から自殺まで
のどん底の時期のことでした。この論文の謎も、その人生の一側面なのかもしれません。

## ◆最初の一歩を作る

家を建てる時に、実績の豊富な大工に頼むか、まだ新人で家を建てたことのない大工に頼むかと問われれば、多くの人は実績のある大工を選ぶでしょう。病気になったら、初心者の医者より、経験豊富な医者にかかりたいものです。スポーツでスターティングメンバーに選ばれるのは、公式戦で結果を残している選手であって、経験のない選手ではありません。どの分野にせよ、新人が選ばれるチャンスは基本的にはないのです。

人間、誰しも、生まれた時点では何事も未経験です。そのままでは、未経験がゆえにいつまで経っても起用されることはなく、人類全員が未経験の状態に留まるはずです。

しかし、世の中には経験者が存在します。経験者は、何かのはずみで出番が回ってきて、未経験から抜け出せた人なのです。たまたま先輩が風邪で寝込んだとか、客が間違えて注文したとか、そういった偶然の幸運によって、出番が来て、実績がゼロから1に増えるのです。

実績が1になれば、次の出番を格段に得やすくなります。1人の患者を治したことがある医者は、100人の患者も治せるでしょう。「実績1」は、実力を示す確固たる証拠なのです。

学校は、実績を1にするのにうってつけの場です。建築科では、家を建てたことのない生徒に、実習として家を建てさせます。学校でのスポーツ活動も、経験豊富な先輩は卒業しますから、未経験の若い学年にも出番が回ってきます。最初の経験を得るチャンスを提供するという機能が学校にはあります。

探究学習は実習の1つです。「探究」と書くと、何か、とても高尚なものに聞こえますが、要は調べて答えを出すことであり、一般の会社ではありふれた仕事です。調べ仕事ぐらいさっさとこなさないと、会社員として務まりません。ここでも実績ゼロの人には出番はまず回ってきません。

会社に入る前に、学校の授業で、探究の経験をゼロから1に増やしておきたいものです。

コラム

## 何が成功につながるかは分からない——鉄鋼王カーネギーの初めの一歩

今やその分野の大家となっている人であっても、初めは未経験者でした。どのようなきっかけで最初の出番を獲得し、成功への第一歩を踏み出したかは、気になるところです。

有名人の自伝は世に数多くありますが、その道に入るきっかけのシーンは、どれも読みごたえがあります。

アメリカの鉄鋼王カーネギーは、世界一の富豪になりましたが、もともとは貧しい家庭に生まれました。電報配達の仕事をするうち、モールス信号の聞き取り方を覚えます。

その能力をある鉄道会社に買われて、電信係兼秘書として雇われます。通信の実務を一手に引き受けていると、社内の情報を誰よりも早く握ることができますし、各部署との連絡と調整も自分1人が担うことになります。

こういう立場ですから、仕事の調整の役目も自然と任されるようになり、ついには部署のリーダー的な役割をこなすことになりました。単なる電信係から責任者へと昇進して、ビジネスで成功する足がかりをつかんだのです。

「芸は身を助ける」といいますが、最初から大出世をねらってモールス信号の聞き取りを稽古《けいこ》したわけではありません。何が成功につながるか分からないものです。

## ◆なりたいものに今すぐなる

研究職は子どもたちに人気の「なりたい職業」だそうです。探究学習は研究職への道の入口なのでしょうか？

入口というよりは、ぶっつけ本番を試みる場ではないかと、私は思います。

アリストテレスは「人は、家を建てることで大工となり、琴を弾くことで琴の奏者となる」と言っています。能力の核心的部分は、実践によってのみ得られるものなのです。

たとえば、将来は映画監督になりたいと考えているとします。では、手始めに何をするべきでしょうか？　なる方法を調べるとか、その道に詳しい人に相談するとかでしょうか？

正解は、まず映画監督になることです。「なりたいものには、ならないと、なれない」のです。自称でも自惚《うぬぼ》れでもいいので、まずはなりたいものにすぐになるべきです。

なまじ映画監督になる方法を調べると、「何を勉強して、下積み修業を何年間して、映画を撮るには資金はどれくらい必要で」といった、遠大な話が出てきます。これは真実ではあるのでしょうが、真《ま》に受けると、いつまで経ってもなれません。「肝心なところは数年間修業を積んでから」という態度は慎重すぎるのです。それは現実的でしっかりした発想ではあ

ります が、逃げ腰でもあります。

無謀《むぼう》でも「私はすでに映画監督である。これから3日で映画を完成させる」と自己宣言して、背水の陣で臨めば、世界が違って見えます。「3日で映画なんて撮れない」という先入観は捨てて、「とにかく3日で映画を撮ることが絶対命令」という窮地《きゅうち》に自らを追い込みます。

企画がない。脚本もない。資金も機材もない。役者もロケ地も衣装も音楽もない。それはそうですが、自主映像作品の品評会（コンペ）に出展される作品は、多かれ少なかれ貧弱な体制で作られているものです。

そもそも映像作品コンペでは、長さの上限が10分という場合が多いです。10分をフルに使う作品は、もっと短尺の作品がひしめくコンペの中では超大作に感じます。2分半ぐらいの長さがあれば、ストーリーを立派に入れ込むことができます。短ければ、壮大なアイデアや長大な脚本、大人数の役者、複数のロケ地などは不要なのです。

撮影や動画編集はスマートフォンでできます。音楽や効果音も無料で使えるものもあり、お手本になる短編作品もネット上にごろごろあります。……と分かれば、何だかできそうな気になってきます。

「成せばなる」という楽天的な確信は、自称映画監督になっていない段階では持てないものです。なれるならなりたいという腰の引けた状態では、難点ばかりが目に入って、確信を持つには至りません。「ならないと、なれる気がしない」のです。

かくして、俳句を始める人は、作品を作る前に自分自身に俳号をつけて俳人を自称し、落語家になろうとする人は、舞台に上がる前に師匠から芸名をもらって落語家になるのです。自らの名前を変えて、普通人の枠から飛び出します。

研究者になるために、雅号やペンネームは要《い》りませんが、ミドルネームを自作するという技が、昔はありました。世界に向けて発表する学術論文では、日本人の名前はローマ字で書くしかありません。しかも、ファーストネームはイニシャル一文字だけを書くという、古風で不便な流儀がまだ残っています。これでは、日本人の名前の表記は「K. Sato」といった該当者が何万人もいるものになりがちで、誰が誰だか分からなくなります。

たとえよい論文をたくさん書いたとしても、誰であるかを識別できないようでは、学界での知名度が上がりません。そこでミドルネームを自作して「K. Z. Sato」などと珍しい名前にします。こうやって自分を他人と区別するというテクニックがありました。

これは図らずも、研究者としての自覚を持たせるという副次効果もあったと思います（最近は、研究者番号制度が普及したので、この工夫の必要はなくなりつつあります）。

研究者を自称した瞬間から研究者。探究学習は名乗るきっかけになります。

コラム

**「この門はお前のための門だった」**

カフカに『掟《おきて》の門前』という短編小説があります。

主人公は、ある門を通りたいのですが、門番が「今はダメだ。入ると危険だ」と言って通してくれません。

主人公は門番に何日も何年もお願いしますが、通してくれず、とうとう主人公の寿命が尽きてしまいます。主人公が今まさに死ぬという時、門番は「この門はお前のための門だった」と言って去っていきました。

### ◆即戦力育成としての探究学習

探究学習は、学問の世界だけでなく、産業やビジネスの世界からも求められているものだといえます。

昭和の高度成長期では、終身雇用制度が主流でした。学校を卒業して最初に入った会社に定年まで勤めあげることが、モデルとしてありました。会社の仕事とは関係のない学科の卒業生であってもどんどん採用して、会社に入ってから、仕事に必要な知識や技能を勉強させるという方式でした。高度成長期は多くの会社が急拡大していて、人手不足気味でしたから、とにかく人を集めることを優先したのです。

現在の日本は全く異なる状況です。社会の変化が激しすぎて、40年先まで雇い続ける約束は、建前としては残っていても、実際に果たされると期待できるものではありません。終身雇用制度はおおむね消えたといえます。

となれば、転職を前提として働くしかありません。会社としても、どうせ転職されるとなれば、悠長に社内教育をする気は起きませんから、即戦力となる人材を採用します。

仕事での即戦力とは何でしょうか？

それに答えてくれるのが、アメリカの作家であるエルバート・ハバードの著した『ガルシアへの手紙』というエッセイです。

ある男が、アメリカの大統領から、キューバで反乱軍を率いているガルシア将軍に手紙を届けてほしいと頼まれました。戦争の最中ですから、ガルシアの所在は分かりません。頼まれた男が「ガルシアはどこにいるのですか?」と尋ねなかったことが重要であるというのが、このエッセイの主張です。仕事を与えられた時に、自分で段取りを立て、実行に移せる力、すなわち自律性が即戦力なのです。

探究学習の本質は自律的に活動することにあります。誰も方法を知らないことは、先生に尋ねても分かりません。自分で考えてやるしかないのです。探究学習で自律性をつちかった人材を、現代の会社は求めています。

大学入試の状況からも探究学習の重要度は増しているといえます。

大学入試では、昔ながらのペーパーテストによる「一般選抜」が減ってきています。代わって、「学校推薦型選抜」や「総合型選抜」といった、知識を組み合わせて使う力や、自分の意見を作る力を問う入試の割合が増えています（文部科学省によると、2023年4月入学者ベースで50・7%）。暗記や解答の速さといった学力の一側面ではなく、知の総合力が問われるのです。

10代の若者が、面接試験で自分の知の総合力をアピールすることは難しいものです。総合力は経験によって育まれるものですが、若いうちはこれといった経験も実績も持っていません。意気込みは言えるけれど、具体的な実績を示すことが難しいのです。

ここで、探究学習の経験が切り札となります。探究学習は総合力を発揮するものであり、その成果はアピールポイントとしてうってつけです。

昔ながらの「一般選抜」は、いまだ大きな割合を占めているとはいえ、壁にぶつかっています。「一般選抜」の試験では、教科書や辞書を見てはいけないことになっています。つまり、記憶力を測りたいという意図を出題者が強烈に持っているといえます。難関校ともなると、普通の難度の問題では点差がつかず、選抜テストとして役に立ちません。そこで超難問を出題しようとします。

ですが、超難問が優れたテストであるとは言い難いのです。多くの受験生が解けない問題は、高校の範囲外の内容だったりします。範囲外で勉強していないことでテストをしても、学力の優劣を測ることにはならないでしょう。

大学や会社では、記憶力は別に大事な能力ではありません。忘れても調べれば済むのです。入試での成績は大して意味がないということになります。社会が求めているものと、暗記型テストで勝ち残る能力とには、ずれが生じています。

人材としての即戦力と、総合力を重視するという文脈で、探究学習が重みを増しています。

コラム

## 入学しにくい日本の大学、卒業しにくいアメリカの大学

世界に目を向けるなら、日本の受験競争の意味はさらに薄れます。

世界のトップ大学ランキングを見ると、上位は欧米の大学だらけであり、日本の大学は影が薄いです。たしかに、アメリカの一流大学ならノーベル賞受賞者がごろごろいて、事もなげに授業をしています。キャンパスも広大で、建物もきれいで、贅沢な感じがあります。

アメリカの大学は、入試は簡単で多くの学生を受け入れるものの、そこから宿題漬けにして淘汰《とうた》し、簡単には卒業させないという方式を取っています。必死に受験勉強して日本の難関校をねらうよりも、アメリカの大学に入学する方が簡単で合理的ではないか、と考える人も増えてきました。

アメリカの大学では、多くの学生が図書館で宿題をします。図書館の蔵書を読まないと解けない問題が出されることが多いからです。図書館は24時間開いています。

# 第2章 テーマを見つける

## ◆航海日誌をつける

探究活動で最初にすることは、専用ノートの準備です。

探究は、長期間かつ自主的な活動です。今日何をやるかも、いつまでに何を完成させるかも、自分で計画しないといけません。そして、計画通りに進まないことも覚悟せねばなりません。

未知の課題に挑戦するのですから、当初の予定から外れることは当然に起こります。どこまで進んでいて、何が課題として残っているか、その状況を把握し、見直しをすることも自分の仕事です。

航海では毎日、航海日誌をつけて航海の計画を管理します。長い航海は天候に左右されがちであり、思った通りには進まないものです。日誌を使って計画を厳重に監視することで、ようやく計画に沿った航海ができるようになります。

探究でも、航海日誌に相当する専用のノート、「探究ノート」をつけることが、絶対に必要になります。

進捗《しんちょく》の管理手法の代表例として、「ＫＰＴ（Keep, Problem, Try)」の枠組みがあります。

「KPT」

- Keep：　できたこと
- Problem：　問題になっていること
- Try：　次に挑戦するべきこと

探究活動をする時は、いつでも探究ノートを開いて、自分の活動について、この「ＫＰＴ」の３点がどうなっているかを、ノートに書き出してください。頭の中でなんとなく思い浮かべているだけでは、考えていることになりません。必ず紙に書き出しましょう。

毎日ノートをつけていると、ＫＰＴの記載が前回の内容と同じになりがちです。それでは活動がどこまで進んでいるのか分からず、航海日誌の役に立ちません。書く時は、前回との差が何であるかを意識して、活動の進みを小刻みに書きます。

たとえば、前回「Ｔ」として「熊の生態を調べる」と書いてあり、今も続行中であるのなら、今回は「Ｋ」には「熊の食べているものを調べた」、「Ｔ」には「熊が一日にどれくらい移動するかを調べる」などと、前回との違いが分かるレベルの細かさで書き留めます。

ノートは、ＫＰＴの書き付けだけでなく、全ての情報を集積する場としても使います。相談で話し合った内容、実験装置の設計図や、実験で観測したデータ、参考文献など、あらゆる情報をノートに書き留めます。どんどん書き込んで、ノートを早く使い切ることを目指しましょう。

日常生活では、そこまで細かくメモを取る習慣はないと思います。普段の用事なら話が単純ですから、それで足りるでしょう。探究では、未知の複雑なことが相手ですから、教えてもらったことや議論したことは、ノートに書き留めて貯蔵しないとうまくいきません。
**偉大な科学者は見事なノートを残しているものです**。偉人の記念館には愛用のノートが展示されているものですが、ほれぼれするほど綿密に記録がつけられています。

偉人とは真逆に、ノートをつけないで研究をしてしまう大学生は残念ながら大量に存在します。航海日誌なしで航海が成功するはずもないように、ノートなしで研究しても、ろくな成果は得られません。人間の思いつきは、1カ月も長続きしません。「先月はAに興味があったけれど、今はBをやりたい」と心変わりするのが普通なのです。進路がふらふらしていては、遠くへは航海できません。常々ノートを見て、自分はどこから来て、どこまで進み、どこを目指すのかを確かめないと、長期間の事業は成功するはずがないのです。

「探究ノート」は、大学の研究でなら「研究ノート」や「ラボノート」と呼ばれます。本職の研究者ともなると、四六時中、持ち歩いたり、書き込んだりして、酷使《こくし》することになるので、安いノートだと分解して壊れてしまうほどです。研究ノートの表紙がボロボロになっているか否かで、その人の研究者としての能力が分かります。

逆にいえば、研究者が使っているノートの表紙がきれいすぎる場合は、かなり不審だと思わないといけません。

２０１４年頃に、ＳＴＡＰ細胞事件が世を騒がせました。ある研究機関が大発見したと発表したものの、第三者によってその現象は再現できず、発見は捏造《ねつぞう》であろうと推認するに至った事件でした。

その際に、「まともな研究者は研究ノートをつけている。ノートには実験が詳細に記録されているはずだから、でっちあげであるか否か、白黒がつけられるはずだ」という意見が出ました。しかしこの事件では、研究ノートの書き込みの量が少なすぎて立証の役に立たず、何をどう実験したのかが不明瞭なままに終わりました。

大学の研究室で、指導教官がその配下の学生に、「今週、研究はどれだけ進んだか？」と尋ねる光景はよく見かけるものですが、じつは望ましい姿ではありません。「研究ノートを見せたまえ」と言わないといけないのです。研究活動の詳細が、実験結果にせよ、設計図にせよ、ＫＰＴにせよ、全てノートに書いてあるはずです。その紙面をつつきながら指導すればよいのです。ノートなしで「先生に尋ねられたら、その場で思いつくままのことを口に出す」という即興的なやり取りでは、議論は空回りするばかりです。

また、分からないことを、何でも先生に尋ねてしまうタイプの学生がいます。事あるごとに「これでいいですか？」や「次は何をすればいいんですか？」などと、一挙手一投足のレベルで教官の指示をもらいたがる学生です。自力でKPTを考えていないから、質問を連発するのです。

教官は「君の研究ノートを見せたまえ。ノートの上で相談しよう」と指導して、自分の研究は自分が主役となって考えるという習慣をつけさせます。

コラム

## 千里の道を一歩に分ける工夫

探究や研究は、人によっては大きなストレスとなることがあります。

独自性が求められ、長期的な計画と行動が必要で、失敗がありえることを、あなたは楽しいと感じますか？　辛いと感じますか？

大学での卒業研究を非常に辛いと感じ、また研究が進まないことで自分を責めてしまい、大学に来なくなってしまうタイプの学生はいます。深刻に考えすぎだと思いますが、ストレスの感じ方は人それぞれです。

ストレスを軽減する上でも、「大きなことを、日々の一歩一歩のレベルで小刻みに見て、一歩だけなら実行可能なことではないかと感じるようにする」という工夫が必要です。それが研究ノートなのです。

## ◆自転車は走っていないと倒れる

探究ノートを用意したら、いよいよ探究活動の開始です。まずは、テーマを設定することから始まります。

テーマ決めは、一種の罠《わな》ともいえます。テーマ選定は重大事ですから、じっくり考えないといけませんが、あまり長考しすぎると探究が始められません。いつまで経っても、小田原《おだわら》評定《ひょうじょう》ばかりで、何も始められないという現象が起こりえます。ゆえに罠なのです。

人間は手を動かしていないと、頭が働かないものです。私の恩師の佐藤知正《さとうともまさ》先生は、「研究は自転車と同じである。進んでいないと倒れる」がモットーです。いまいち気に入らないテーマであろうとも、何もしないでいるよりは、取り掛かる方がましという考えです。

そのテーマが本当は素晴らしいものかもしれないし、やっぱりいまいちなものかもしれません。まずは、やり通してみることに意義があります。「百聞は一見に如《し》かず」のことわざの通りで、探究は実際にやってみないと分からないことが多いのです。

戦前の高名な物理学者である寺田寅彦《てらだとらひこ》は、「科学者は頭が悪くなくてはいけない」と言っています。勘のよすぎる人は、テーマに取り掛かる前にその結末が見えてしまうのです。「このテーマは、この手法を使えば解けるだろうが、たかがその程度の成果に過ぎない」という考えが先回りしてしまいます。その結果、どのテーマもつまらないものに見えてきて、よりよいテーマを求め続けるばかりで、結局何もしないのです。

テーマ設定の極意は、

●なるべく筋のよいテーマを、なるべく素早く見つける。
●筋の悪そうなテーマであっても、いったん決めたからには、騙《だま》されたと思ってやり通す。

という割り切りのよさにあります。タイムリミットを意識して、時間切れになったら前に進むべきです。

実践的にいえば、

①テーマのアイデアを3個挙げる。内容がなるべく互いに異なるものがよい。
②それぞれの長所と短所を探究ノートに書き出す。
③三者の長短を比較して、総合的に一番優れているテーマを選ぶ。
④選んだら決然として探究の実行に移る。

という段取りで、テーマをさっさと決めるべきでしょう。

比較する際には、長所と短所の片方だけに目を奪われてはいけません。どの案も長短両方向から検討します。何個アイデアを挙げるべきかという量の問題がありますが、初心者なら3個が手ごろです。もちろん多い方がよく、熟練者なら10個ぐらいは出したいものですが、下手に数ばかりを求めると、考えが粗雑になります。そうなるぐらいなら、自分が強く興味を持っていることの中から選ぶ方がましでしょう。

以上の手順を踏めば、長短の比較表ができあがります。活動の序盤とはいえ、この表自体が、探究学習の堂々たる成果の1つです。この表は、成果発表でも登場させますから、立派な内容のものを作ってください。

表2－1　テーマ案の長短比較表

| テーマ案 | 長所 | 短所 | 判定 |
|---|---|---|---|
| 1000年前の我が町を絵に再現する | ● 地元の人間ならではの知識が活かせる。<br>● 歴史を研究できる。 | ● 元になる資料が少ない。<br>● 既知の歴史学の結論を、ただ引用するだけになりがち。 | △ |
| 近所でおいしい湧水をゲットする | ● 水文学《すいもん》を研究できる。<br>● 湧水地点を新たな観光スポットとして盛り上げられる。 | ● 生水の衛生の問題がある。<br>● 山に分け入らないといけない。 | ◎<br>採用 |
| 校歌のミュージックビデオを作る | ● ミュージックビデオ業界が持つ理論やノウハウを研究できる。 | ● 出来の良し悪しを定量的に主張しにくい。 | △ |

コラム

## 研究人生とテーマ――4つのサイクル

研究者は4つの段階からなるサイクルを巡ります。

1. 知識も経験もまだ足りず、よい研究テーマが見つからない段階。
2. 研究に慣れてきて、大発見・大発明とはいわないまでも、合格点の取れる研究テーマなら何個でも苦労せずに思いつき、無難に実行できる段階。
3. 自分の一番の強みであるテーマだけを研究する段階。
4. 別のテーマに鞍替《くらが》えする段階。

第2段階の、何でも手広くできるという総花的《そうばなてき》な状態は快適なように見えます。しかし、専門性の進んだ第3段階よりは立場が弱いのです。

何でも売っている店と、万年筆しか売っていない専門店があったとします。あなたが優れた万年筆を買いたい時、どちらに行くでしょうか？　当然、専門店を選ぶと思います。何にせよ最高級のものを求めるなら、特定のことだけに絞り込んだ専門店が選ばれるものです。

学者はその業績で認知されます。何を成し遂げたかによって、人に覚えてもらえます。とすれば、自分の強みにだけ絞り込んで、自分オリジナルの業績を積むことが合理的な戦略といえます。この理由ゆえに第3段階が最善であり、多くの研究者はそちらへ進むのです。

第3段階になると、自分が強みとするテーマに関して、あれこれ研究してくれという注文がどんどん舞い込みます。業績も伸びて理想的な状態といえます。

しかし、いつまでそのテーマに安住し続けるべきかを考えないといけません。研究テーマは盛者必衰《じょうしゃひっすい》であって、いつかは廃《すた》れます。研究され尽くされてしまったり、社会情勢が変わったために不要になったりします。昔は、ブラウン管テレビやフィルム式カメラは日本の輸出製品の花形であり、その技術は盛んに研究されていました。どちらも今は影も形もありません。

盛者必衰の原理がある以上、新しいテーマに鞍替えをするべき潮時がいつかは来ます。これが第4段階です。心機一転ですから、今までのテーマで役に立った知識と経験の多くは使えなくなります。振り出しの第1段階に戻ることと同然です。

第3段階にできるだけ長く留まって業績を積むことが合理的だという意見の研究者もいます。同じことばかり研究していると飽きるという理由で、第4段階に進む浮気性の研究者もいます。どちらも一理あります。

鞍替えという問題は、研究以外の仕事でも多かれ少なかれ存在します。社会情勢は変わっていきますから、いつまでも、若い頃と同じ仕事、同じ職務を続けられる人は少ないのです。

## ◆テーマの範囲指定と自由度の塩梅《あんばい》

探究学習では、「テーマを完全に自由に決めてよいし、解き方も自由に選んでよい」と言われる場合もあります。このような場合は、自由で楽なように見えて、かえって何をすればいいのかが思い浮かばないという苦労があります。

問題設定が自由であることを「オープンエンド」といいます。オープンエンドな問題に取り組むことは、自分の思考力を養う修業になるのですが、厳しすぎるかもしれません。テーマの内容をある程度を狭める方が、思考を進めやすくなります。狭め方は、

A．目標を指定する
B．手段を指定する

の2通りです。

**目標を指定**するならば、たとえば次のように出題します。

▽3階の高さから地面に落としても割れないように、卵を包装せよ。手段は何でもよい。
▽猫の体毛の本数を調べよ。
▽折り紙でリアルなバナナを作る折り方を考案せよ。
▽散逸《さんいつ》してしまった森鷗外《もりおうがい》の『小倉日記《こくらにっき》』の内容を推定してできるだけ復元せよ（松本清張の『或る「小倉日記」伝』は、その活動の話）。

ここまで具体的な目標を設定されると、何かしらの取っ掛かりのアイデアが浮かびやすくなります。アイデアが出れば、手もすぐに動かせますので、探究活動の立ち上げが迅速《じんそく》になるという利点があります。

「この問題を君は解けるかな？」という挑戦の形であることは、やる気を生み出します。人間は挑戦を受けると対抗心に火が点き、アイデアが出やすくなります。

また、成果を評価する際には、目標を達成できたか否かという明確な評価尺度があるので便利です。

**手段を指定**するタイプでは、

▽凧《たこ》を使って、何か実験をしてみよ。
▽スマートフォンで、何か映画を撮れ。
▽雑草の生えている空地で、何かを試み、何かを発見せよ。
▽ユーチューバーになって、何かをやってみよ。

表2－2　「目標」と「手段」を、指定する場合と自由にする場合の4つのパターン

| | 手段指定 | 手段自由 |
|---|---|---|
| 目標指定 | 一般の科目での実習。受け身であり、活動に生徒の主体性がない。 | アイデアを思いつきやすく、走り出しが迅速になる。目標の達成度合いに応じて成績を客観的に評価しやすい。 |
| 目標自由 | 人それぞれに多様なテーマが出てくる探究。個性豊かな成果になるが、それらを比較して優劣をつけることが難しい。 | 広すぎる探究。慣れていないと、うまく計画・実行できない。 |

といった出題が考えられます。

目標自由なら、活動内容は人それぞれバラバラになります。思いもよらぬ優れた目標が発見されるかもしれません。活動の意外性や多様性を求めるなら、目標自由の方が向いています。

半面、目標も成果もバラバラですから、成績をつける際にはそれらにどう優劣をつけるかを悩むことになります。

コラム

## 目標があると、やる気が湧いてくる

目標が指定されている方が、アイデアを思いつきやすいと言いました。

あいにく一般の授業では、目標は明言せずに、手段をいきなり教えるものです。何の問題を解くかについては限定せぬまま、将来、仕事や生活で役に立ちそうな手段を教えます。

目標が判然としないことに対しては、人間はやる気が出にくいものです。「いつか何かの役に立つことだから、三角関数を勉強しよう」と言われても、あまりうれしくはありません。

逆に、「月には山がある。山の影の長さから、山の高さを測ることはできないか？」と挑戦されて、それを解く道すがら、三角関数の存在を知る方が、ストーリーとしては盛り上がります。

## ◆ティンバーゲンの4つの問い

目標も手段もどちらも自由に選んでよいという場合もあるでしょう。

社会人ともなると、「何でもいいからすごい研究をしろ」とか、「何でもいいから売れる商品を企画しろ」などと、目標設定も手段選択も自分に丸投げされます。

自由な探究ならば、宇宙の彼方のことや、大昔のことなど、ロマンにあふれる題材を選んでもよいわけです。しかし浮世離れした事柄を調べることは荷が重すぎます。

自分の手の届く範囲の物事を選んで、しっかり調べる方が、深い探究がしやすいといえます。とはいえ、身の回りを見渡しても、見慣れたものばかりであり、取るに足りない物事のようにしか見えません。

その思い込みを破ることが、探究の鍵となります。

たとえば、雨という現象はごくありふれたものであり、今さら驚く人はいないでしょう。しかし、1カ月後にどこにどれだけ雨が降るかを正確に予測することは、最新の科学であっても非常に難しいのです。当たり前の現象であっても、探究の余地はまだ多く残されています。平凡な物事も、見方を変えれば、探究すべき大問題だと判明するかもしれません。

見方の変え方として、動物行動学の分野には有名な**『ティンバーゲンの4つの問い』**という考え方があります。

動物は様々な特徴を持っています。ニワトリは夜明けにコケコッコーと鳴き、カブトムシは角を持っています。こうした既知であって今さら謎がなさそうな事柄であっても、4つの問いを立てる余地があるというのです。

①その特徴は、何の利点があるか？
②その特徴は、どのようなメカニズムで実現されているか？
③幼い個体がその特徴を得るまでに、どのような成長・発達過程を通るか？
④その特徴は、どのような進化の末にできあがったか？

ニワトリの鳴き声にこの問いを当てはめてみましょう。「ニワトリが夜明けに鳴く理由は何か」「どうやって夜明けに目覚め、大声を出すのか」「若いニワトリは鳴くのか」「大昔の祖先は鳴いていたか」……といった具合に、たちまち研究テーマが4つできあがります。

4つの問いは、対象が同じなので互いに似ているように見えますが、その中身はガラリと違う、それぞれ独立した謎なのです。

たとえば、毛髪を顕微鏡で観察してみると、簡単には切れない丈夫で精巧な構造でできていることに気付きます。ところが毛髪自体の構造と、毛髪を作るメカニズムの構造は、関連すれども別の話です。大人になると髭《ひげ》が生えてくるという変化も、これはこれで別の謎として探究することができます。

物事の一面だけを調べて、全て分かった気分になってはいけません。1つの題材の中に、探究テーマはいくつも潜んでいます。

ティンバーゲンの問いは、動物行動学の研究向けではありますが、一般の物事にも当てはめられる視点です。

①目的・利点・誘因
②実現を支える機構
③実現を支える機構の作り方
④変革の歴史、将来予測

この4つの論点は、どんな題材にも問えるものです。

たとえば、牛乳の紙パック、商店街の組合、野球の牽制球《けんせい》、関ヶ原の戦い、少子高齢化社会、消防指令部、絵画の印象派、将棋の四間飛車《しけんびしゃ》戦法。こうした探究テーマになりそうにない物事であっても、改めて切り口を変えて考えるところから、良いアイデアが生まれるかもしれません。

コラム

## 物事をどう見るか――「西狩獲麟《せいしゅかくりん》」の様々な解説

古代中国の歴史書『春秋』は、出来事を年代順に記録したものです。その長い記録のフィナーレは「西狩獲麟」という記載です。

春秋には、穀梁伝《こくりょうでん》、左氏伝《さしでん》、公羊伝《くようでん》という3つの解説書があります。

穀梁伝は、西狩獲麟の意味をこう解説しています。

西に狩りをして麟《りん》を獲《と》る。狩りの場所をはっきり書いていないのは、実際は狩りをしていないからである。狩りをしていないのに「狩」と書いたのは麟を得たことが重大事だからである。「麟が来た」とか「有った」と書かないのは、麟はそもそも中国に常に存在するものとするからである。

文字の意味は分かりますが、これがよい事件なのか悪い事件なのかの価値判断は書いていません。

左氏伝は、穀梁伝とは矛盾して、狩りが行なわれた場所の地名と狩人《かりうど》の人名を挙げています。そして、この記載の後に他の歴史記録を追加して、西狩獲麟をフィナーレの座から引きずり下ろしています。

公羊伝は、西狩獲麟を重大な出来事として説明しています。麒麟《きりん》は偉大な王が世を平和に治めている時に出現する霊獣のはずなのに、それが出番を間違えたかのごとく戦乱の続く世に出現してしまった。しかも孔子以外の誰もがその重大性に気が付かないという、夢も希望もないバッド・エンドだというのです。そして、そもそも何のために歴史を記録し、何によって記録を終えることを決断するのであろうかという、壮大で哲学的な論考で締めくくっています。

物事は、人それぞれの認識によって異なって見えるものなのです。

## ◆偉大な探究テーマとは

ティンバーゲンの4つの問いの考え方は、題材探しが苦手な人でも、何らかのテーマを立てられて、一応は格好がつくという便利さがあります。

とはいえ、探究は題材の筋の良し悪《あ》しがやはり大事です。くだらない題材を探究したところで、その成果はたかが知れています。筋のよい題材を選び取ることが、大成功への必要条件です。

筋のよい題材とは何でしょうか？

それは、まだ誰もその重要性に気が付いていない、意外な物事でしょう。ちょうど、シャーロック・ホームズが、誰も目にも留めないことに注目して、事件の真相を解き明かす様と同じです。

イギリスのアーミテージとドールという学者は、政府が発表している保健医療の統計データに注目しました。それによれば、女性の大腸がんによる死亡率は、年齢の4・97乗に比例します。ほとんど5乗であるといえます。他のがんでも、発症率や死亡率は、患者の年齢の整数乗に比例する傾向があります。

切りのいい整数乗になることには、じつは歴《れっき》とした理由があります。細胞内の遺伝子には、がんへの鍵となる部分が何個かあって、それらが全部悪く改変されると、がんが発生するのです。

さて、発がん率が時間の5乗に比例するということは、高校で習う確率と対数の知識を使うと、鍵は6カ所あるのだと結論できます。整数である遺伝子の個数を反映しているから、発がん率も整数乗になるのです。顕微鏡を使わなくても、政府の統計を見れば、遺伝子の中身が分かるという、意外な成果です。

スペインとポルトガルは接しています。その国境線の長さは、スペイン政府発表のものとポルトガル政府発表のものとでは食い違っていました。この国境は自然の地形を境界にしているので、グネグネとしています。

大づかみに見ると、それほど長くなさそうであっても、詳細な地図で見てみると、尾根や川の小さな湾曲が見えてきます。詳細地図で境界線をたどるなら、結果は長くなります。地図の縮尺率によって見える長さが変わってきてしまうのです。この不都合な現象が、数学のフラクタル理論（自然界に存在するような複雑で不規則な図形には、どの微小部分も全体と形が似ているという自己相似性があり、簡略化した計算を繰り返せば詳細な全体形が得られるとする理論）が起こるきっかけになりました。

五十音図のあ行は、長い間「あいうえを」であるとされてきました。本当は「あいうえお」が正しいと発見したのは、江戸時代の本居宣長《もとおりのりなが》です。その根拠の1つは、字余りの法則性でした。

和歌にはたまに字余りがあります。万葉集などの古い時代の和歌を見ると、字余りは好き勝手に起こるのではなくて、「あいうえお」のいずれかの音がある時に起こると見抜きました。よって、「あいうえお」が同じグループなのです。

喜田川守貞《きたがわもりさだ》という人が江戸時代にいました。この人はある日、「法事のお土産《みやげ》として渡されるお菓子の詰め合わせが、昔に比べて豪華になった」と感じました。じつにどうでもいい話ですが、くだらないことであっても、「一事を以て万事を推すべし」（1つのことから他のことも分かってくる）と彼は考えました。

こうした日常生活の情報は、同時代の人には何らニュースとしての価値はありませんが、未来の人には貴重な情報になるだろうと一念発起し、彼は庶民の衣食住の全てを記録しました。その目論見《もくろみ》は的中して、現代人は彼の残した膨大な記録から、江戸時代の実態を詳細に知ることができます。

このように、地味な題材や、あきれるような題材こそが、偉大な研究につながってきました。大成功するためには、世間の評判の裏をかいて、見込みのなさそうなテーマを選ぶべきだということになります。しかし、それはギャンブルですから、普通はうまくいくものではありません。

この難しさを「**イノベーション**（**技術革新**）**のジレンマ**」と言う人もいます。現状の技術で大成功している企業は、海の物とも山の物ともつかぬ新興の技術を軽視しがちであり、新技術に乗り遅れる傾向にあるのです。

コラム

## アリストテレスの（どうでもいいようなことへの）探究心

哲学者アリストテレスは、探究心の権化《ごんげ》で、何にでも知的好奇心を向けました。彼は次のような（どうでもいいような）疑問を挙げ、自分なりの答えを書き残しています。

- 大便は体内に留まった期間が長いほど臭いが減るのは、なぜか？
- 臭い食べ物を食べると、その悪臭をあまり感じなくなるのは、なぜか？

●植物によって、根元になる実の方が甘かったり、逆だったりするのは、なぜか？

そもそも問い自体が科学的には間違っているものもありますが、とにかく身の回りのことを全て考えてやるという気合は感じられます。

アリストテレスの師匠のプラトンは、抽象的なことや理想的なことを論じていましたが、アリストテレスは具体的現実にこだわりました。

### ◆幸運の女神は誰に微笑《ほほえ》むか

偉大なテーマを見つける正攻法は存在しないので、研究を生業《なりわい》としている学者たちはいつも悩んでいます。

学校での探究学習では、深く悩んでしまうと時間が足りなくなってしまいますから、とにかく何らかのテーマを選んで、手を動かすことをお勧めします。

これは「時間切れだから、見切り発車せよ」ということではありません。「**平凡そうなテ**

ーマであっても、**真剣に深掘りすれば、その道すがらに思いもよらぬ素晴らしいテーマに巡り合う可能性が高い**」からです。

世の中の大発見や大発明の大多数はこのパターンです。最初からそれをねらって得た成果ではありません。「ねらって見つけた大発見」は、言葉自体が矛盾しています。探せば見つかると分かっていることは、大発見とはいえません。

コンピューターの基本部品であるトランジスタは、それを作ろうとして発明されたものではありません。ダイオードという、電気を一方向にしか流さない不思議な性質を持つ部品がありました。その内部の電圧はどうなっているかを探る実験で、偶然にできあがったものです。

錆《さ》びない鉄であるステンレス鋼《こう》は、人類が長年追い求め続けてきた夢の物質ですが、意外にも発明当初は、錆びない性質には気づかれませんでした。新たな合金ができましたと、地味に報告されたに過ぎません。それが鉄くず置き場に捨てられて、錆びずに目立っていたところを発見され、ようやくその重大さが認知されました。

抗生物質は多くの人々の命を救ってきた大発見ですが、これも偶然に発見されたものです。実験中、ある菌の培地《ばいち》にカビが生えてしまいました。これでは実験としては失敗です。しかし、その培地をよく見ると、カビの周りの菌は死んでいました。そこから、カビが菌を殺す物質を持っていることが発見されました。

偶然に大発見・大発明を得る能力を「セレンディピティ」といいます。

セレンディピティは、努力なしの幸運のみで出現するのではありません。原っぱで釣りをしても魚はかかりません。魚がいる場所に釣り糸を垂らさないと、いくら運がよくてもチャンスはゼロです。面白いことが起こりそうなところで活動していることが必要条件です。科学の世界でいえば、新物質や新技術が扱える場所であり、ビジネスの世界でいえば、一風変わった新しい商品やサービスがそれに当たるでしょう。

物事をしっかり考える探究の根性も必須です。「カビの周りに菌がないが、そんなことはどうでもいい」とか「あの鉄が錆びていないのは、捨ててからまだ時間が経っていないからだろう」といった、好奇心に欠ける態度では、チャンスを見逃すだけです。

新型コロナウイルス感染症の大流行の際に、感染検査の切り札となったのがＰＣＲ（ポリメラーゼ連鎖反応）です。これはいうまでもなく大発明であり、ノーベル賞を与えられています。発明者のマリス博士は、アイデアを思い付いた当初、同僚に話したのですが、誰も重要であると認めてくれなかったそうです。大発明であっても、初めのうちは筋の悪そうなアイデアに見えるのです。

セレンディピティを得るには、**いい場所で釣りをすることと、広く好奇心を持つこと**。この2つの条件が求められます。

コラム

## 「ねらえる大金星」型のテーマとは？

大発明・大発見の多くは、セレンディピティによるものですが、そうではない例、つまり最初からねらって研究したら大発見・大発明ができたという例には、どのようなものがあるのでしょうか？

「この地下に古代文明の遺跡があるはずだ」とか「この地下に幕府の埋蔵金があるはずだ」と、ねらって掘っても、なかなか出てこないものです。

数学の世界には数々の未解決問題があります。『リーマン予想』などの重要な問題には高額の懸賞金すらかかっています。これらは研究テーマとしては「ねらえる大金星」ですが、何十年、何百年も、誰も解けていない難問です。

元素の周期表を眺めてみると、だいたいは原子番号103番のローレンシウムで掲載を打ち切っていますが、実際はそれ以降の番号の元素も延々と続きます。ただし、番号が大きい元素は不安定で、存在したとしても一瞬で分解消滅してしまいます。自然界から採取できるものではないですし、人工的に作ることも難しいのです。それを作れたら偉いので、これも「ねらえる大金星」型のテーマです。

「ねらえる大金星」の周りには、我こそは解決に成功したと名乗り出る人がたびたび出現します。懸賞金がかけられていた数学問題の『フェルマーの最終定理』のように、本当に解決に成功する人もまれにいますが、多くは早とちりです。学問の進歩のためには誰かがチャレンジしないといけませんが、成功は難しいのです。

「ねらえる大金星」の周りでは不正も起こりがちです。電気抵抗がゼロになる超電導現象は、それが楽に使えるなら革命的な大発明になりますが、実際は極低温でしか起こせません。超電導の温度をどこまで上げられるかを多くの研究者が競ってきました。この競争の中で、実験データのでっち上げ事件の代表例として知られる「シェーン事件」が起こりました。

## ◆アイデアの仕込みと熟成

探究学習はテーマが命です。アイデア勝負であり、発想力が求められます。と同時に、探究学習は、自分の在り方・生き方を考えるためのものとされています。一見すると両者は互いに無関係に思えます。しかし根底において強く結びついています。アイデアを生み出す過程は、

①頭の中に情報を入れる。
②2、3日、時間を置いて、熟成させる。
③自分の頭の中を観察する。

という3段階から成り立ちます。発想には自己省察が必要なのです。

発想の第1段階として、まずは頭に情報をインプットします。しかし、単に情報を見たり聞いたりすることでは不十分です。人間の頭脳は、うっすら触れた程度の情報は取りこぼしてしまいます。

**図2－1　マインドマップの例**

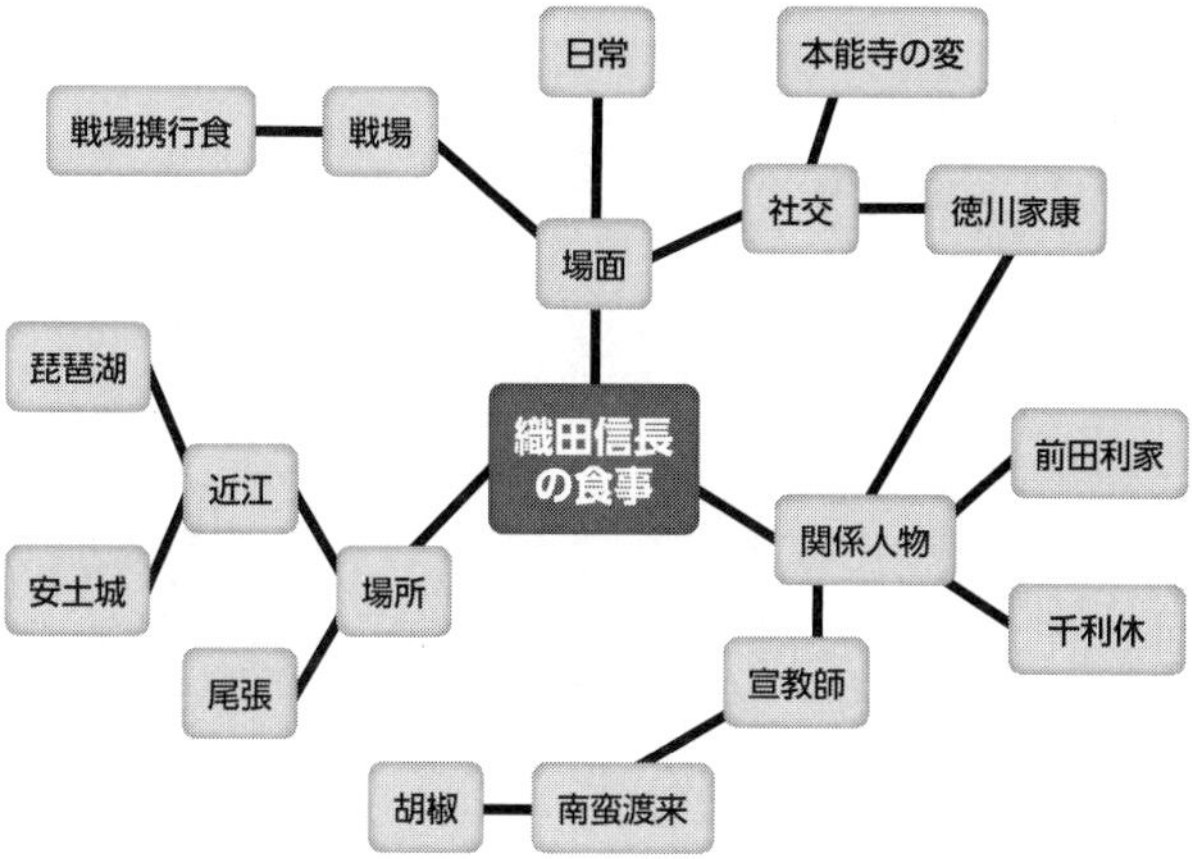


検討事項を図に描かないと頭脳は働きません。逆に、図にすると妙に説得力が出てきて、自分は何を考えているのかがはっきりしてきます。

テーマに関する事柄を、探究ノートに書き付けていきます。

たとえば、「織田信長は普段、何を食べていたか」をテーマとする場合、いろいろなことが思い浮かびます。

尾張《おわり》、安土城《あづちじょう》、琵琶湖《びわこ》、戦場携行食、千《せんの》利休《りきゅう》、宣教師、南蛮渡来、本能寺の変、前田利家……などと続きます。これらの単語を一直線に並べていっても気が利かない話です。せっかくノートは縦横に広いのですから、2次元に配置します。関係のある単語同士を近くに書いたり、線で結んだりします。これを「マインドマップ」と呼びます。

マインドマップ自体が、探究学習の重要な成果です。気合を入れて作ってください。

第2段階は熟成です。これは、考えることをいったん止めることです。同じことを考え続けていると、かえってアイデアは湧きません。マインドマップを描き上げたら、しばらく時間を置くことがコツです。

人間の脳には、長期記憶と短期記憶という2つのシステムがあります。人間は、3分前に食べたものは覚えていますが、3日前の晩ご飯は簡単に思い出せません。

どんな情報であっても、いったんは短期記憶に収められます。その時点では全てを覚えているわけです。しかし、短期記憶は長続きせず、時間が経つと忘れてしまいます。情報を意識的に長期記憶へコピーしないと覚えていられないのです。

つまり、時間を置くことで、くだらない情報はふるい落とされ、重要な情報だけが頭に残るようにできています。時間が不要な情報を淘汰するのです。

昭和の頃、とある研究所では、新人研究員は1年間は研究するな、3年間は論文を書くな、という不文律《ふぶんりつ》がありました。

「研究所に入ったらすぐに何か研究しなさい」と言われたら、直前まで大学でやっていた研究を続けてしまうに決まっています。それではマンネリであり、研究者としては、大学で指導を受けた師匠のミニチュア版にしかなれません。1年間、頭を冷却して、大事なこと以外は忘れて、自分独自のテーマを探せという意味です。自転車は漕《こ》いでいないと倒れますが、立ち止まって遠くの山々を眺めることも時には必要です（今では、どの研究所や大学でも、こんな悠長なことは言っていられません。新人の3年間はスタートダッシュで、論文を量産していかないと、クビになってしまいます）。

第3段階は自己省察です。自分自身だけを見つめ、頭の中で生まれつつあるアイデアをすくい上げる作業です。

自分自身を見つめるために、一番適しているのは独房です。テレビもなく、スマートフォンもなく、壁しかないという空間に入れられれば、自分の頭の中にあることしか注意を向けるものがありません。自分の脳内を自分自身が観察するという状況が生まれます。この状況で、改めて自分はどうすればよいかを考えると、すっと名案が浮かぶものです。

思索に集中できるタイミングは、日常生活の中でも多々あります。部屋の明かりを消し、布団の中に入って、何も見ず、聴かず、ただ考えるという方式なら、誰でもできるでしょう。他にも、通勤・通学の電車やバスの中も、ただ乗っているだけですから、その間に思索することはできます。他にも退屈で仕方がない時間はあるでしょう。退屈だからといってスマートフォンをいじってしまうと台無しです。退屈こそ思索のチャンスです。

他人に自分の考えを話すということも、自己省察の方法として有力です。

「織田信長の食事の再現というテーマを考えているのですが……」「ほう」「これは記録が少なくて調べにくいんですよ」「へぇ」「接待の宴会や茶会での食事の記録があるのですが」「ふんふん」「日常の食事ではないですよね」「なるほどね」

何気ない会話のように見えますが、問題点が整理され、対策が導き出されて、アイデアが深掘りされていく過程になっています。誰かに悩みを相談すると、最初の5分で問題の解決策を自分自身で考案してしまうという、矛盾めいた現象が起こりがちです。

この対話の相手ですが、内容のない生返事しかしていません。それで十分なのです。相手役になるには特別な能力は必要ありません。

探究は、それを実行する人の個性が色濃く出ます。最初は漠然としているテーマが、各人の頭の中で熟成し、しっかりした骨組みを獲得します。熟成の仕方は十人十色《じゅうにんといろ》です。似たようなテーマを選んでも、人によって全然違う内容になりえます。

探究を通じて、自分が何に興味があるのか、そしてどのように考える人間であるのかを知ることができます。探究自体は華々しい成果を上げなくてもよいものですが、自己認識はしっかり行なって、自分が将来進むべき道を考えましょう。

コラム

### 考えを可視化する方法

マインドマップ以外にも、考えを図に描く「可視化手法」は何種類もあります。身近な本や、新聞、雑誌、ポスターなどにも優れたものがあります。それらを手本として利用しましょう。

抽象的な哲学を可視化することは大変ですが、東京にある哲学堂公園は、哲学を庭園にすることで可視化しています。哲学を庭にするとは突飛《とっぴ》な発想ですが、実際に見てみると、いろいろ苦心の工夫がしてあって、参考になります。

## ◆テーマを「検証可能な仮説」に絞り込む

探究に費やせる時間と労力には限りがあります。何でも思うままにできるわけではありません。手を広げすぎると、「二兎《にと》を追う者は一兎をも得ず」となります。遠大なテーマを調査対象とする探究は、ほぼ失敗します。

探究を成功させるには、テーマを十分に見直して、探究する価値の高い部分だけに、全力を集中せねばなりません。集中し絞り切ったテーマは「仮説」という形になります。

テーマの絞り込みは、何らかの仮説にたどり着くまでやります。

仮説を持てれば、探究の活動はブレにくくなります。自分の仮説は正しいのかという疑問は、知的好奇心を引き付けます。仮説に決着をつけるためには自分は何をすればよいのか、という点に考えが集中します。それ以外の余計なことを考えずに済むという誘導効果が得られます。

探究では、一度決めたテーマを「やりきる」ことに責任を持たないといけません。やりきらないでよいのなら、どんな立派なテーマを掲げても、そのまま放置で立ち消えとなります。これでは何にもなりません。

「やりきる」とは、「当初の計画をその通りに完遂する」や「証拠をそろえて仮説が正しいことを示す」ということではありません。計画通りに進まないのが探究です。仮説や予想は裏切られるものです。むしろ、当初の見込みが外れるところに、発見の妙味があります。

「やりきる」とは、「自己完結していて使い道のある結論を得る」ということです。自己完結とは、未完成部分の完成を待つ必要がなく、今すぐ使えるということです。

「ベニテングダケに、若返り効果があることが分かりました」
「それで、若返りの薬はできたのかね？」
「それについては、まだ探究中です」

という、未完成な部分が残っている状態では、成果としては独り立ちしていません。これでは、成果が正しいのか間違っているのかも検証できないのです。「効果があるけれど薬はできていない」というのは、論理的には矛盾に近いものがあります。

逆に、小さな成果であっても、それが検証まで終えて自己完結していれば、ちゃんとした成果といえます。何らかの具体的な問題を解けたのであれば立派な探究です。論より証拠。

### 表2－3　検証可能な仮説に絞り込む例

| テーマの広さ | 探究テーマの例 | 所見 |
| --- | --- | --- |
| 大 | 織田信長について調べる。 | これでは広すぎて、何から手を付ければよいのか分からない。 |
| 中 | 織田信長の食事について調べる。 | まだ広い。調査はできるが、切り口に独自性がない。論文や書籍の取りまとめだけに終わりそう。 |
| 仮説 | 「織田信長は納豆を食べたことがあるはずだ」という仮説の成否を調べる。 | 集中して探究できる。独自性もある。 |

「解けるであろう」ではなく、「解けた」という結果が大事です。

工学には「信頼性」という言葉があります。求められた通りの効果を発揮する確率のことです。

昔は、信頼性よりも適用範囲の広さの方が重視されがちでした。昔の薬は、「頭痛にも、腹痛にも、下痢《げり》にも効く」などとやたらと効能を書き連ねたものです。効能の多さが薬のよさを表すと思われていました。守備範囲が広いことは結構ですが、信頼性が高いとは限りません。

現代の薬は、特定の病気にだけターゲットを絞り込んで開発されていて、その病気にしか効きませんが、その効果の信頼性は非常に高いものです。それぞれの守備範囲は狭いが、確実に効く薬をそろえることで、現代の医療は成り立っています。

探究は、「他のことはさておき、この問題に限っていえば、解けた」という結論が出るまでやりきりましょう。当初の計画を全てこなすことが難しい場合は、テーマをもっと縮小しましょう。解けそうな問題に絞り込んで、そこに集中します。

私の恩師の1人、金出武雄《かなでたけお》博士のモットーは、「Anything that works is OK.」（ちゃんと稼働するものを作れば、それでよい）です。

小さくとも何かの問題を解けるものならば、それは立派な探究です。

コラム

## 仮説を持て、さらば与えられん

仮説を持てば、世界の見え方が変わります。

日頃、鉄道に乗り慣れていると、その存在について、別段、深くは考えません。しかし、ふと「東京駅の13番線ホームに立っている人は、15番線ホームに停車中の特急あさかぜ号を見通せるだろうか？　密に往来する列車に邪魔されてしまい、簡単には見通せないのではないか？」という仮説を持ったとすれば、鉄道自体が観察対象になり、1つの探究テーマが出現します。

この仮説は、松本清張の推理小説『点と線』で、アリバイ作りのトリックとして使われたもので、鉄道トリックの嚆矢《こうし》といえます。じつにささいな着眼点ですが、鉄道推理小説という新ジャンルを切り開くことになった偉大な仮説です。

世界や自然というものは、「何か面白いことない？」と聞いても、何も答えてくれません。「この仮説は正しいの？」と問う人だけに、こっそり楽しい新天地を見せてくれます。

仮説を持つ。それを自分で確かめてみる。新しい世界を知る。この三段跳びこそが、探究の核心です。

## ◆先行論文に「読」まれるな

いくら素晴らしい探究テーマであっても、すでに他人によって解決済みであったら、自分が改めてやる価値はありません。同じニュースを2回聞いても意味がないのと同じです。探究には新規性が必須なのです。

テーマを決めたら、すでに自分と同じことを考えてやっている人がいないか、調べてみる必要があります。それにはネット検索が手軽ですが、ネット上に全ての情報があるわけではありません。特に専門的な情報ほど、紙の本にしか書かれていないという傾向があります。また、ネット上にあるにはあるが、閲覧は有料である場合も多いのです。まずは大きな図書館に行って、専門雑誌や本、新聞を無料で一通り物色してみるのが順当でしょう。

先行研究の調査は必要なことですが、罠になりうるという一面を持っています。先人から影響を受けすぎて、自分の独自性がなくなるという罠です。大学の研究では、この罠にはまって何もできなくなっている学生をしばしば見かけます。

自分独自の仮説を持つ前に、先行研究を物色してしまうと、その成果に誘惑されます。学界で評判になっている論文を読んで、その素晴らしさに圧倒され、自分も同工異曲・大同小異のことをすればよいという考えが頭をもたげるのです。しかし、ほとんど同じ研究を細部だけ変えてやっても、「人の褌《ふんどし》で相撲を取る」ようなもので、全く評価されません。

世間では「酒は呑《の》んでも呑まれるな」といいます。研究の世界ではこれをもじって、「**論**

**文は読んでも読まれるな」**という警句があります。他人の論文を金《きん》科《か》玉条《ぎょくじょう》のごとく崇拝してしまうのが「論文に読まれた」状態です。

先人の偉大な論文をしっかり勉強することはよいことであり、基本的なことですが、研究者にとって先人はライバルです。先人に寄りかかるのではなく、自分独自の仮説で先人と戦うという気迫が必要なのです。

コラム

## 世紀の発明か、単なる再発見か

自分のアイデアが、まだ誰も思いついていないオリジナルであることを確かめるには、どうすればよいでしょうか？

前述の、ＰＣＲ（ポリメラーゼ連鎖反応）を発明したマリス博士は、あまりに簡単なアイデアであるから、きっと誰かがすでに発明していて、論文を発表しているに違いないと思ったそうです。しかし、調べてみても先行例は見つかりませんでした。偉大な発明とは、「誰でも思いつけそうなほどに単純明快だが、実際には思いつく人はいない」という死角に存在するようです。

偉大とまではいかない、普通のアイデアは、もちろん同じことを考えているライバルが多数いることでしょう。先行例を調べればゴロゴロと出てくるはずです。

しかし、優れた着想を得た際には、それは自分が史上最初に思いついたのであり、同じことを考えた先人はいないだろうと慢心してしまうことが、得てしてあります。すごいアイデアだから他人は簡単に思いつかないはずだと思ってしまうのです。そして先行例の調査は雑になります。本当は先人がすでに発見・発明したことを、自分が最初だと自惚れつつ、価値のない再発見・再発明を繰り返すのです。

今、流行りの人工知能の分野には、「誤差逆伝播法《ごさぎゃくでんぱほう》（バックプロパゲーション）」という基本中の基本の技術があります。人工知能は、稽古をして認識精度を高めていきます。最初のうちは、犬の写真を見せても「これは魚です」などと大間違いをします。初期状態では判定の計算式の係数がおかしいのです。間違った際には計算式に修正をかけることになりますが、数式は大量にあります。1つを直すだけでは足りません。修正の指令を他の数式にも伝播させる技法が誤差逆伝播法です。

私がこの技術を大学で学んだのは1995年のことでした。先生いわく、バックプロパゲーションは、高名なローゼンブラット博士がとっくに論文で書いているのに、後進の研究者はそれを知らずに、自分が初めて発明したと誤認して論文を書いている。しかも「バックプロパゲーション」とまるっきり同じ言葉で命名していて、じつにけしからん、と怒っていました。

今や猫も杓子《しゃくし》も、ブームの深層学習を研究していますから、教科書も整備されていて、高名な先生の論文が無視されることはありません。

しかし私が授業を受けた頃は、「人工知能の冬の時代」と呼ばれた時期でした。その頃は今と比べればコンピューターが貧弱だったこともあり、深層学習は性能が低く、実用には今一歩でした。「再発明」という不調法な事態が起こる程度には学界が低調だったのです。今は昔。時の流れを感じます。

最近の人工知能の教科書を読むと、しかつめらしく「バックプロパゲーション」が載っていますが、ちょっと前までは、学界に浮かんでは忘れ去られ、しばらくすればまた浮かぶという、「再発明」されがちな技術だったのです。

## ◆1人単独か、複数人共同か

探究を、1人だけでする場合もあれば、複数人で共同して進めることも考えられます。どちらも一長一短があります。

1人ずつで実施するという方が、大学での卒業研究では標準的です。単独での探究はシンプルで管理が簡単にできるからです。自分1人で全てを決められるので、小回りが利き、進みが速くなります。「船頭多くして船山に上る」という事態の心配がありません。責任の持っていき場所は自分しかありませんから、失敗した場合は自分が悪いのであり、困難にぶつかった場合は自分で何とかするしかありません。それゆえ、失敗を潔《いさぎよ》く反省し、闘志が燃えるという効果があります。

しかし、単独での活動ではスケールの大きなことができません。ロボットコンテストや鳥人間コンテストはチームを作って挑戦しています。先端科学の巨大プログラムともなれば、製作者が100人を超えることも珍しくありません。会社なら大人数での研究開発は当たり前でしょう。

複数人共同の探究活動は、活動のスケールだけでなく、独りぼっちにならないという大きな利点があります。

運悪く難しいテーマを選んでしまい、探究が進まず孤立してしまう生徒が出てしまうことは避けたい事態です。独りぼっちで悩んでいては、活動の速度はゼロとなり、自転車なら倒れます。

一方、共同作業なら、路頭に迷ったとしても生徒同士で解決策を議論することができ、議論の分だけは微速ながらも前進しているといえます。ここでの議論にはコツが必要です。口頭で言い合うだけでは役に立ちません。声はすぐに消えてしまうので、議論のまとまりがつかないのです。出たアイデアは必ず書き留めましょう。探究ノートにマインドマップを描きながら議論し、KPT（38頁）も整理します。

議論の対話を書き留めるなんて、手間がかかって面倒だと思われがちですが、これは「急がば回れ」であって、論文を書く上では効率がよいのです。仲間同士で話し合った言葉を、そのまま文字に書き起こして、あたかも対談形式・問答形式の報告書にするという荒業《あらわざ》が使えます。議論で発言することは、論文を書いていることと同じです。

対談形式・問答形式で書かれた論文は、現代の学術論文ではほぼ見かけませんが、哲学者のプラトンが常用していたことからも分かるように、昔は頻繁《ひんぱん》に使われていました。プラトンの本は対談形式なので、堅苦しくなく、とても分かりやすいのです。現代の雑誌でも、長い論文を書くことは面倒ですから、座談会を開いてそこでの会話をそのまま記事にしてしまうということがなされます。

さて、共同作業をするとなると役割分担を決めないといけません。

作業工程の上流と下流で分担する「垂直分割」は、うまくいきません。上流工程が完了するまでは、下流工程を受け持った人は手空《てす》きのままです。ハンバーグをこねる人と、ハンバーグを焼く人という具合に役割を分けると、こね終わるまでは焼く人は暇です。これでは能率が上がりません。

よって手分けは、同時に別々の作業を進める「水平分割」が基本となります。ハンバーグ担当と、ライス担当というように、最終的には成果を合体させるけれど、作業は独立して進められるように分担します。

ただし、水平分割は下手をすると、共同作業とは名ばかりの無責任な体制になりえます。ハンバーグ部分は失敗しても、それはライス担当者の責任ではないのです。チームメイトが困っていても、他人事《ひとごと》であり、無関心でいられるという構造です。

チーム内の無関心を防ぐためには、探究学習をコンテストの形式にするという方法があります。個人の担当部分の優劣ではなく、チーム全体の優劣を表す指標を意識するように競わせるのです。

「鳥人間コンテスト」は、飛距離という1つの数字に全ての成果が集約しています。飛行機の翼をいくら完璧に作っても、胴体が壊れては飛距離がゼロとなり、負けです。助け合わねば勝てないのです。チームが負けた後で、自分の担当部分だけは完璧だったとほめられても釈然としません。この釈然としない感覚を持つことが、チームワークの源泉なのです。

コラム

## 共同作業がうまくいく条件

多人数共同作業は非常に難しいものです。組織はしばしば縦割りであって、他部署との共同には消極的になります。何か新しいプロジェクトを始めようとして部署横断的に協力を求めても、「それはうちの部署の担当ではない」と断ってきます。

新しいことは、どこの部署の担当でもありません。その当然の理《ことわり》を分かっていながら、面倒くさいから門前払いしているのです。チームワークに背を向ける態度ですし、こういう人だらけになったら組織は同じことを繰り返すだけになり、長くは持たないといえます。

「スープが冷めない距離」という慣用句があります。隣の部屋とか同じ階にいる人なら、普段から顔を合わせることが多く、居場所へふらっと訪ねることもできます。これなら緊密に共同できます。スープを運んで冷めない距離にいる人となら、共同作業は順調でしょう。

しかし、階が違えばそうはいきません。訪ねて行っても不在だったりして、無駄足を踏みます。仕方なくミーティングを開くために日程調整をするようになり、共同作業のスピードは格段に落ちます。これは「スープが冷める距離」です。

大きなことをやろうとして、共同作業のチームの人数をむやみに増やしたところで、能率は上がりません。スープが冷めない距離までが、実質的な連携の限界です。むしろ、小人数の「特命班」（タスクフォースともいう）で動いた方が、よい成果を得られるものです。

重役ともなれば、スケジュールがぎっしり詰まっていて、部下は面会のアポイントメントを取ることすら難儀します。しかし世の中には、朝は会社の入口の待合席で新聞を読み、午後はずっとテレビドラマの再放送を見ているという、変わったタイプの重役もいます。いかにも暇であることをわざと周囲にアピールしているのです。

これなら部下も遠慮なく話しかけられます。この重役は本当は多忙ですが、やりくりして暇な時間を捻出《ねんしゅつ》します。暇人《ひまじん》の振りをしているのです。

また暇な時間がないと、突発的に予期せぬチャンスが持ち上がった場合に対応することができず、好機を逃します。

たとえば、本や服の小売業界は、インターネット上に巨大なショッピングサイトを持つ企業が圧倒していますが、じつはそれらはどれも新興の企業です。昔からあった大きな書店や衣料品店は、ネット時代の到来を重々知りつつも、忙しかったので本腰を入れては手を出さず、歴史的な好機を新参者に横取りされた格好です。

忙しすぎると、新しい試みに割く時間はとれないのです。

# 第3章 探究活動の安全と倫理

## ◆探究には危険がある

テーマが決まったら、早速、活動に移りたいところですが、その前に安全と倫理について点検しなければなりません。

探究の本質は、まだ誰も調べたことがないことを試みることにあります。自分より先にやった人が存在する活動ならば、「去年、その薬品が自然発火して大騒ぎになった」とか、「その活動は法律に抵触して大変だった」といった失敗談を教えてもらえるので、トラブルの二の舞を避けられます。一方、新しいことを試す探究では未経験なことばかりなので、危険がどこに潜んでいるかが分かりにくいのです。

大学や研究所は、年がら年中、研究をしていますから、様々な失敗談が蓄積されていて、何が事故の元になるのかが周知されています。しかし、中等教育では失敗経験の厚みがなく、そこが弱点といえます。

活動を始めるにあたり、次の点を考慮しないといけません。

《ケガや器物損壊に関する点》

- ケガをしないか？　疲れないか？
- ケガをした場合、どう対処するか？　救急箱はあるか？
- ものを壊さないか？　多額の出費にならないか？
- 傷害保険や損害保険に入る必要があるか？
- 環境を汚染したり、破壊したりしないか？
- 住民や通行人から苦情が出ないか？

《倫理や法律に関する点》

●法律に違反していないか？
●残酷な実験や調査ではないか？
●他人に知られたくないことを調査していないか？　知る必要のないことまで聞き取っていないか？　集めた情報が手違いやサイバー攻撃で流出しないか？
●他人の体の触れられたくない部分を触らないか？
●データをでっちあげていないか？
●他人の著作権を侵害しないか？　盗用にならないか？
●公平な探究か？　自分に都合のよい結論が先に決まっていて、それを強引に導き出そうとしていないか？
●うその情報を信用していないか？　「インチキ科学」じみた発想ではないか？

このように、注意点は山盛りですが、順を追って説明しようと思います。

なお、本職の研究者でも、これらの検討を面倒くさがる人がいます。というのも、学者は自信過剰になりがちだからです。自分の研究が学問の発展に寄与する素晴らしいものである、と自信を持って仕事をしています。素晴らしい研究であるなら、その安全性と倫理も素晴らしいのだろうと過信しがちです。もちろん、学術性と安全性とは別の話です。

昭和の頃までは、安全や倫理について、規制が厳しくありませんでした。研究の資金を得るには、資金を提供してくれる政府や財団に対して応募することが一般的です。その頃は、その研究提案書の中に、安全や倫理に関する事項を書く必要がなかったり、書かされるとしても「ちゃんとやります」程度の、いわば誓約書的な文を書けば十分だったりしました。

今では、具体的な安全対策を、かなりの分量で書かされます。「この実験は、ここが危ないから、こう対策する」と、実験特有の危険性を明記しないといけません。また、各大学の実験倫理委員会の厳しい審査を受けて承認を得る必要があります。国内外でいろいろな研究のトラブルが多発したので、年々厳しくなってきました。

## ◆ケガと器物損壊の危険性

ケガへの備えでは、過去の事故の事例を調べてみることが第一です。自分は事故の危険性を十分に知っているつもりだという油断が、事故を引き起こします。

ある学校で、銀を使った「銀鏡《ぎんきょう》反応」の実験で、雷銀《らいぎん》という一触即発の物質が意図せず生じてしまい、実際に爆発したという事故がありました。

世間ではあまり知られていませんが、「金や銀や白金などの貴金属は爆発する」という事実は、消防や火薬学の世界では常識です。かたや、中等教育学校向けの化学実験の安全を解説する文書では、貴金属は「爆発物リスト」から抜け落ちていることがあり、落とし穴となっています。

自分の知らない落とし穴が、どこかで待ち構えているものです。よほど念入りに調べないと安心できません。学校での理科実験で起きた事故についての情報は、各機関からネット上に発信されています。実験する前に、薬品名や機材の名前を手がかりに、過去の事故事例を検索して、何が危険なのかを頭に入れておきましょう。

理科の実験をする前には、安全に関する打ち合わせをしないといけません。今日の実験ではどのような危険性があるのか、どのような安全具を装備するのか、トラブルが起きた時はまず何をして、どこへ逃げるのか、といった具体的な点について、実験参加者の認識を一致させます。「消火器を使いましょう」といった一般的な話ではなく、「消火器は右の壁ぎわにある」という個別具体的な指示をします。

ただ、これらの指示は単なる情報なので迫力がありません。実際の事故事例を引き合いに出すと、本当の怖さが伝わります。私はアメリカの大学にいた時に、実験安全の指導を受けましたが、レーザー光線を浴びて焼け焦げた目玉の写真などを見せられました。レーザーは危ないということを肝《きも》に銘《めい》じさせるためです。

危険物質や毒物は、今は規制が強化されて、一般人が買うことは困難です。しかし、昔は石綿《いしわた》（アスベスト）や有鉛ガソリン、水銀を含む薬品や機器、放射性物質といった危険物が、社会に出回っていました。これらが物置の奥に眠っているかもしれません。古いものは見つけても使わないようにしましょう。危険物は捨てる時にも困ります。専門処理業者に頼まないと捨てられないのです。

ネット上には様々な科学実験の動画がありますが、国によっては安全の規制が甘く、かなり危険な物質を扱っているものがあります。外国の情報をうのみにしてはいけません。

ケガの危険は、探究している本人だけでなく、実験に協力してもらう人にも及ぶかもしれません。実験の一環として、協力者に、走ってもらう、持ち上げてもらう、食べてもらう、聞いてもらうといった、実験独特の身体的負荷がかかる場合は、安全確保のための特別な対処が必要になります。

協力者を要する実験は危険度が高いので、学校として一律に禁止することも、ありえる判断だといえます。

一律禁止から少し緩めて、日常生活での行動と同等の、ごく軽度の負担なら実験を許してもよいという判断もありえます。たとえば、自作のゲームを、協力者に遊んでもらい面白さを評価してもらうといった実験ならどうでしょう。このレベルまで一律禁止にしてしまうと、探究活動はかなり狭められてしまい、不自由します。

協力者の安全対処で欠かせないものは「インフォームド・コンセント」です。つまり「説明と合意」です。実験は何を目的とし、何をやり、どこが危なそうで、その事故をどう防ぐつもりかを説明します。「これは特に危険のない実験です」などと安請け合いしてはいけません。協力者は、その説明を受けて、本人の自由な意思で協力するかしないかを選択します。

インフォームド・コンセントは面倒くさいですが、これを雑に済ませると、困るのは探究をする本人です。いざ実験して、誰かにケガをさせたとなった時、雑なインフォームド・コンセントしかしていなかったとなれば、重い責任を問われます。

探究の費用に関しても一考を要します。お金を使うつもりはないから大丈夫とたかを括《くく》っていては危険です。活動の中で、ものを壊したり失くしたりしたら、弁償せねばなりません。

インターネット上には便利なサービスがいろいろあります。少しだけの試用なら無料でも使えるものが多いです。特に、今流行の人工知能関係のサービスは豊富で、実験に使う生徒も多くいます。しかし、本格的に使うと、後からお金を請求されるものがあります。高額の請求が来たら破産してしまいます。ただより高いものはないのです。

理系の大学生にとっては、研究室に配属されて実験を始める前に、研究者向けの傷害保険に入ることが常識です。

コラム

## 危険物よりも怖い「油断」

「火は見るからに恐ろしく、人は警戒するので、火で死ぬ人は少ない。水は恐く見えないので、溺《おぼ》れる人が多い」（子産《しさん》・中国春秋時代の政治家）
人々に安全だと思われているものの方が、かえって危険というわけです。危険物の恐ろしさよりも、我々の油断の方が真の敵です。
２０１８年に札幌の不動産仲介店舗にて大きなガス爆発事故が起こりました。爆発の燃料となったのは、ごくありふれたスプレー缶のガスです。少量なら威力はありませんが、大量に充満するとそれだけ大きなエネルギーを持ち、地面をも揺らす大爆発になります。

多くの学校で、授業の一環として生徒がジャガイモを栽培します。そこで実ったジャガイモを食べて、中に含まれる毒素ソラニンなどのせいで食中毒になるという事故は、しばしば起こります。本格的な農業では、ソラニンを増やさない栽培方法と保管方法がとられているので安心できますが、素人の栽培ではうまくいきません。

## ◆倫理と法律の問題

探究では、倫理を踏み外さず、法律に違反しないようにする必要があります。

第1に、プライバシーや名誉感情を傷つけてはいけません。

本当は協力者の体重を量る必要がない実験であっても、何かの参考のために一応量っておくという研究者がいます。そして実験室で「はい、この人は○○キロ！」と声に出してしまいます。「体重は聞いてはいけない。口に出してもいけない」という礼儀を知らないのです。自分中心の考え方はやめて、相手の立場で物事を見ないといけません。

アンケートで「氏名」を書かせるものがありますが、これも大問題です。「通名」や「旧姓」を使っている人はどうするか。「氏」なのか「姓」なのか。外国の名前で「氏名」という形式ではない場合はどうするか。アジアの一部であるように、名前で身分が分かってしまう国の人はどうするか。複数の正式名を持っている人はどうするか。などと名前の記載には問題が山積です。しかも、名前はプライバシーや個人情報保護の中心的要素なのです。触らぬ神に祟《たた》りなし。名前を調べなくてもいい調査なら、最初から聞かないことにしましょう。

家族関係はさらにデリケートな情報です。「あなたは長男ですか?」という素朴な質問であっても、「次男で兄がいましたが、幼くして亡くなっているので、実質長男みたいなものです」という重い答えが返ってくるかもしれません。テレビ番組のリポーターが観光地などで子どもに「今日は、お父さんと来ましたか?」などと問うシーンをしばしば見かけますが、ぶしつけすぎる質問です。はたして「実の父」なのか、「養父」なのか、「結婚はしていないが内縁関係はある実質的な父」なのか。人それぞれ事情があります。家族関係は尋ねるべきではないのです。

顔の画像も、名前と同じく、プライバシーや個人情報保護の問題を抱えがちです。探究の目的で意図的に顔を撮影する場合もあれば、何か別のものを撮影していて、たまたま通りかかった人の顔が写り込む場合もあります。いずれにせよ、人様の顔を勝手に撮影してよいのかという問題にぶつかります。これに関する法制度は複雑で、また、時代とともに変化しがちです。

原則として、顔や体の撮影は、被写体の人物に許諾を得てから行なうようにしましょう。しかし、通行人の写り込みの場合は、通行人を追いかけて捕まえて許諾を取り付けるといった対応は事実上不可能です。写り込んでしまった第三者の顔は、ぼかして誰だか分からないようにするという配慮が望ましいといえます。

また、被写体の人物から許諾をもらえたとしても、それで問題解決とは限りません。たとえば、その人が自転車で道路の右側を走っている写真を掲載していいものかは悩みます。自転車を含めて車両の右側通行は違法行為ですから、その人の悪事の証拠となってしまいます。

他にも法律に違反してしまう危険性はいろいろあります。

たとえば、柱を立てようとして地面に穴を掘ったら、その行為が建築基準法や文化財保護法、自然公園法などに抵触したという事件は珍しくありません。ドローンは魅力的な実験道具ですが、屋外で飛ばすことは規制されている地域が多いです。

残酷な調査は、そのつもりがなくても、出現してしまう可能性があります。探究のテーマが、戦争や事故、暴力、病気に関係していると、調査を進めていく中で、人がどう苦しんだかという論点に突き当たることもあります。体験者に聞き取り調査をする際に、思い出したくない過去を話させることになるかもしれません。

著作権は頻繁に問題になるものです。調査の都合上、他人の手による図や絵、文章を、そのまま複写して使用せざるをえないということはあります。本や写真のコピーは通常なら著作権の侵害になりえますが、教育の場は例外的に認められるケースが多いものです。しかし、何をやっても自由ということではありません。コピーを使うときは、著作権についてよく勉強しないといけないのです。

善かれと思って始めた探究であっても、その細部まで問題がないとは保証されていません。思わぬトラブルにならないように、事前に立ち止まって点検しましょう。

本書以外にも、研究の安全と倫理に関する書籍やサイトは多数あります。中高生に手ごろなのは、一般財団法人公正研究推進協会の「中等教育向け教材」でしょう。このサイトで勉強すると「受講確認書」を発行してくれます（https://www.aprin.or.jp/e-learning/rse）。

コラム

## 危険な研究でも、許される場合

人が死んでしまう可能性がある実験は、禁止されるべきでしょうか？

難病に対する薬を開発する研究を考えてみましょう。効き目のある薬の作り方が最初から完全に分かっているわけではありません。薬の候補を患者に投与して効果を試している段階では、効き目が足りず病気が進んでしまい、患者が死んでしまう可能性もあるでしょう。だからといって研究を禁止しては、永久に薬は開発できません。

個人の所得の情報は、プライバシーに関わるものであり、他人に知られたくないことです。しかし、社会の経済状況を把握するには、人々の給与を調べないといけません。この種の調査は数多くなされています。調べたらトラブルになりそうな情報だからといって、調査が一律に禁止されるわけではありません。

大きな意義を持つ調査研究であれば、かなりの危険性があっても、容認されることがあります。

ただし、研究者自身が「私の研究は意義があるのだ」とか、「私の勘ではこの薬は効くはずだ」などと、自画自賛するだけではダメです。第三者による客観的な審査の末に、許されるのです。

### ◆うそ情報対策と三現主義

うその情報(ガセネタ)や、インチキ科学のたぐいは、世の中に数多く流布《るふ》しています。これらを真に受けてはいけません。伝聞だけに頼らず、真偽は自分で確かめるようにしましょう。

ある辞書によれば、「無添加」という言葉の意味は、「身体に害のあるものを加えていないこと」だとあります。それが人々の、この言葉に対する共通認識だといっているのです。すると、「添加」は健康に有害な物質を加えるというニュアンスになります。

さて、豆腐は豆乳に「にがり」を加えて作ります。「にがり」は食品添加物です。ならば、日本人が長年にわたり愛食してきた豆腐は、健康に有害だという、無茶苦茶な結論になってしまいます。時として、素人の常識は粗雑であり、専門家の知識とはかけ離れていることがあります。

ネット検索は便利で使いたくなりますが、情報の信頼性に疑念があります。図書館に行って専門書にあたる方が、信頼のおける情報を効率よく得られます。

たとえば、作家の「司馬遼太郎」をネット検索すると、ウィキペディアの記事が最初に出てきます。それを見ると、「生い立ち」の最初の方でなぜか話が銃器の話題になって、司馬遼太郎の銃器の知識が間違っているという批判を読まされます。通常の事典執筆者なら、こんな本筋からそれた話題は人物評伝としては書かないでしょう。これを鵜呑《うの》みにして、司馬遼太郎の人物像を決めつけてしまうようでは、大勢《たいせい》を見誤ります。

また、ドナ・ストリックランド博士を紹介するウィキペディアの記事は、博士が2018年にノーベル物理学賞を受賞する前は、博士は特筆性のない人物であるという理由で記事の掲載を却下されていました。ノーベル賞を共同で受賞した男性科学者の記事は以前から作られていたため、女性差別ではないかと物議を醸しました。

このようにウィキペディアは、どこの誰だか分からぬ執筆者が持つ独特の価値観が強く出ていて、公平性に疑念が残ります。ゆえに、学界において論文を書く場合、ウィキペディアの記述を根拠として引用することは、まずありえません。ネットに頼らず、図書館までちょっと足を運んで、顕名《けんめい》の執筆者が書いた信頼できる本を読むようにしましょう。

安全工学には「三現主義」という言葉があります。何か事故やトラブルが起きたら、「現場」に足を運び、どんな機械を使っていたか「現物」に触れ、どんな状況で仕事をしていたか「現状」を見ようという原則です。「百聞は一見に如かず」であり、伝聞の情報だけでは実態は分からないのです。

司馬遷《しばせん》による古代中国の歴史書『史記』には、秦《しん》の始皇帝《しこうてい》の暗殺未遂事件がリアルに記述されています。始皇帝が襲われた時、側にいた王の侍医《じい》が暗殺者にものを投げつけてひるませた。暗殺者が投げた刀が柱に当たったため、始皇帝は命拾いした。といった、まるでその場で見ていたかのような細かい描写が並びます。その侍医から事件の状況を伝え聞いた人がいて、その人から司馬遷は教えてもらったのだと書いてあります。

古代の歴史書は真偽不明の伝説が多くなりがちですが、この箇所は取材情報源がはっきりしていることが、司馬遷の自慢なのでしょう。

コラム

## 情報の「よい疑い方」

情報は、どこまで信用するべきでしょうか？　どう疑うべきでしょうか？

2つのポイントがあります。

**①人間は自分が信じたい情報を信じる（カエサル『ガリア戦記』）。**

「騙され」の始まりは、自分の願望からです。

『株で1億円稼ぐ方法』とか『ギャンブル必勝法』といった本は昔から売れ続けています。その著者自身が億万長者になれていたら、なるほど正しい情報だと保証できますが、実際はどうでしょう？　うそくさい話ですが、それでも本を買ってしまう人は絶えません。

**②疑うなら、全てを平等に疑え。**

世間に出回っている健康や医療に関する情報には、怪しいものが多く、まずは疑ってかかるべきといえます。

新型コロナウイルス感染症の大流行では、マスクの効果やワクチンの安全性について、正統的な医学界や政府当局から出る情報はさんざん疑うのに、根拠不明の俗説なら信じる人がかなりの数いました。「権威は嫌いだが、ネットの噂《うわさ》には味方する」という態度です。

スポーツのファンが、お気に入りのチームだけを応援して、ライバルチームを嫌うということは、ごくありふれた振る舞いです。それと同じ感覚で、特定の集団の意見を信じる際に、他の集団の意見を嫌わないと、自分の考えに一貫性がないように思え、不安になります。

しかし、思考は好き嫌いで進めるべきものではありません。えこひいきしていては、公平で冷静な思考にはならないのです。

疑うなら、全部の情報源を疑いましょう。どの情報に対しても、「それは本当か？証拠を見せろ」と注文をつけるのです。

### ◆盗用と捏造

他人が書いたものや、描いた図、撮った写真、作ったデータなどを、あたかも自分が作ったかのように使ってはいけません。誰が原作者なのかを、はっきり分かるように表示しましょう。

たとえば、松尾芭蕉《ばしょう》の俳句「古池《ふるいけ》や蛙《かわず》飛びこむ水の音」は、芭蕉の著作権はとうの昔に失効しているので、勝手に印刷して売ってもよいのですが、だからといって「この俳句は私が作りました」と自称してはいけません。

探究それ自体を他人に代行させることも当然ダメです。最近は、人工知能が報告書を作文することもできます。これも代行と同じ行為です。探究学習は自分の能力をきたえるためのものです。他人や人工知能に丸投げしては台無しです。

最新の人工知能はどんな質問にも答えてくれますが、時折、全くのデタラメを答えることがあります。

人工知能はネット上にある文章をたくさん集めて勉強します。「Aさんは、Bさんの紹介で、Cさんに出会い、結婚した」という文があったとします。Aさんが結婚したのは誰でしょう？　常識的にはCさんと思われますが、論理的には「誰と結婚したかは明言されておらず不明である」が厳密な答えとなります。

しかし、不明だと答えていては、ものの役に立ちません。人工知能は、あえて答えを出そうとし、「Bさんと結婚した」などと苦しまぎれの答えをひねり出すこともありえます。こうした欠陥が残っている間は、人工知能に代筆させることは危ないといえます。

盗用は研究の世界では珍しくありません。他人のアイデアを、あたかも自分の手柄であるかのようにする学者がいます。

大学生に盗用問題について教える授業で必ず例として挙がるのは、ＤＮＡの二重らせん構造の発見です。昔の教科書には、「これを発見したのはワトソンとクリック両博士であり、ノーベル賞を受賞した」と書いてあったものです。

しかし、この業績には問題が指摘されています。ＤＮＡの構造を研究していたフランクリン博士のデータ（Ｘ線写真）を見ることができたから、両博士は「発見」できたのであり、現在の基準では盗用行為に該当するとする見方が最近は強くなっています。

実験や調査結果のデータのでっちあげについていえば、学界は大変な状況になっています。科学雑誌『ｎａｔｕｒｅ（ネイチャー）ダイジェスト』の２０１３年11月号に「医学生物学論文の70％以上が、再現できない！」という衝撃的な記事が載りました。論文の上では実験に成功したと書いてあっても、他人には再現できないものが7割もあるというのです。

他人がやって再現できないなら、そもそもがでっちあげた実験結果ではないかと疑うべきでしょう。そのような論文の全部が全部、インチキな内容だとは言いませんが、それにしても量が量です。科学の屋台骨が揺らいでいます。

私は、この惨状はさもありなんと思います。論文は学会誌に掲載される前に査読者が読んで、インチキではないかを点検します。しかし、査読者にはお金や実験装置が与えられるわけではないので、同じ実験を繰り返して確かめることはできません。査読は基本的には書面上の審査に過ぎません。「論文でうそを書く人はいない」という性善説を前提にして、査読は行なわれます。うその論文であっても、文書上で露見しなければ合格になります。

論文を書く学者は、就職先を巡る激しい争奪戦をしていて、１本でも多くの論文を書かねばなりません。実験に成功しなければ失業という切羽詰まった立場にいるのです。自分に都合の悪いデータは観測されなかったことにして、都合のよいデータだけを報告したくなります。こうしてうその論文が作られます。

探究における不正を防ぐためには、活動の現場に他人の目を入れます。探究で、いつ、どこで、何をやっていて、何が成功して、何が難しいのかを、先生や仲間に見えるようにします。こうすれば、都合の悪いデータだけを隠すとか、数字をいじるとか、探究そのものを他人に代行してもらおうとしても、すぐにばれることは明らかなので、最初から不正をする気が起こりません。

コラム

## 医学生物学の分野で、再現性が低くなる事情

医学生物学の分野の論文の再現性が低いとは、残念なことではありますが、事情も分からぬではありません。

ロボット工学の論文は、うそが書きにくいです。「宙返りできるロボットを作りました」と論文に書くのなら、当然、その宙返りしている様の写真や動画も提出することになります。明々白々な証拠であり、うそのつきようがありません。

一方、医学生物学の現象は複雑です。同じ薬でも、人によって効き方が違ったりします。再現性がもともと低いのです。ある実験で偶然に多くの人に効果が出て、それを素直に報告しても、他の学者による実験ではさっぱりダメということがありえます。論文が再現できないからといって、その著者に悪意があったとは決めつけられません。

探究では、成功か失敗かがはっきりするテーマを選ぶことが、不正を減らす一助になります。

# 第4章　テーマを解く方法の選定

## ◆勝ってから戦え

テーマが決まったら、それを解く手段の立案に移ります。

勝ち目の薄い手段を選んではいけません。運がよければ成功するかもしれない、という甘い期待だけで調査や実験に臨むと、ほぼ確実に失敗します。ギャンブルをしてはダメなのです。

頭の中で、「こうやれば、ものの道理で成功するしかありえない」と結末まで見通しをつけましょう。ここまで徹底的に考えたとしても、実際にやってみると失敗する可能性があるのですから、考え不足で実行に移そうものなら、なおさら失敗します。

古代中国の戦略思想家・孫子は、「戦いの中で運に頼って勝ちを求めようとするのは、下手な司令官である。優秀な司令官は勝算を得てから戦う」と述べています。「勝ってから戦う」が基本です。

ドラマに出てくる昔の小説家は、アイデアが浮かばない時には、原稿用紙に何か書いては破り、書いては破りして、悩んでいるような素振りをします。漫画家も、原稿を描いては消しの繰り返し。科学者も、試験管をあれこれ振って悩む。

これらはドラマ上の演出であって、実際にはありえない話です。手を動かす段階に進んでいるならば、すでに悩みは決着して、勝算を得ているはずです。料理人が、魚をさばきながら、何の料理を作ろうかと今さら悩むという姿は、ドラマの演出ですらありえないでしょう。

小説家の新田次郎《にったじろう》は、気象庁の技術者でもありましたが、自分が関わった「富士山に気象レーダーを建てる」という前人未踏のプロジェクトを、小説『富士山頂』に描きました。

物語は、予算獲得のための気象庁と大蔵省（今の財務省）との折衝《せっしょう》の場面から始まります。大蔵省の担当者・主計官は、１年のほとんどが極寒の富士山頂では大工事はできないだろうと迫ります。気象庁の担当者（新田次郎自身がモデル）は、山頂での工事可能期間が２カ月しかとれないことを認めつつも、それを克服するための綿密な計画を立ててあることを示し、見事に予算を獲得しました。

「難点をちゃんと考慮に入れてあるのだな。その対策もよく考えてあるな」という域に達していないようでは、ゴーサインは出ません。この事情は政府でも会社でも同じです。テーマの重要性や必要性を説得できたとしても、その解決方法がおざなりであると、その計画はボツにされます。

また先ほどの『富士山頂』では、主計官は、くどくどと長ったらしい説明をひと言に縮めろと迫りました。レーダーをひと言で表現すれば「台風に対する砦《とりで》」。雪解けの境界線を追ってじわじわと建設資材を山頂へと輸送していく計画は「雪線追従《せっせんついじゅう》作戦」。このように短いキャッチフレーズをひねり出すと、主計官はそれに満足し、他の論点は要らないとばかりに、さっさと議論を打ち切りました。

短いキャッチフレーズは極めて大事です。予算の申請は、最終決定にたどり着くまでに、何人もの審査を受けます。審査する人は忙しいものです。「この予算は何だ？」と尋ねられて、10秒以内に的を射た説明ができないと時間オーバーとなって、ボツにされます。それ以上説明しないと話が見えてこないようではダメなのです。

自信のない人ほど、落語の「寿限無《じゅげむ》」のような長いキャッチフレーズをつけてしまいます。たとえば「回生ブレーキの非線形応答を近似するロトカ・ボルテラ・ネットワークの局所安定性の研究」（これはデタラメな内容ですが）などと、専門用語を多く並べた方が見栄えがよいと勘違いしているのです。印象からしてうさんくさいタイトルですが、論理的に考えてもこれは逆効果です。修飾を重ねることは、それだけ限定することになり不利です。「東京の千代田区の永田町の魚屋さんで使える商品券」というふうに、通用する範囲がとても狭くなります。

## コラム　予算・申請書を通すテクニック

お金を何にどう使うかは、組織の存亡に関わる大事です。

予算要求を審査する人が、重要な要求を愚かにも却下することは悲劇です。逆に、要求する人が、考え抜いていない生煮《なまに》えの要求をやみくもに申請することも、罪深いといえます。

さて、予算要求の仕方を、どこで学べばよいのでしょうか？

研究費を獲得することがうまい研究者は、申請書の書き方が巧《たく》みです。研究の着眼点や説明の仕方といった理論的な部分、は当然ながらうまいのですが、読みやすい活字を使うといった書類作成のテクニックのレベルまで行き届いています。こうした技は、達人の研究室に弟子入りして学ぶしかないのかもしれません。

私は時折、審査員の役目を頼まれることがあります。どの研究費公募でも、競争倍率は10倍ぐらいです。相対評価して上位1割だけを合格にします。計画が明快で申し分のない完璧な申請書であっても、それでやっと平均点の世界です。上位1割の域に達していないと、落選します。

合格になる申請書は、どこか突き抜けた説得力をはらんでいます。「雪線追従作戦」という摩訶《まか》不思議なキャッチフレーズのように、強烈に記憶に残る仕掛けを持っているのです。これら前衛的な手法は、広告や映画の歴史に鑑《かんが》みると当たり前の演出技術なのですが、学者の界隈《かいわい》で採用する人は少数派です。その少数派が勝つのです。

9割の落選者は、学術的に完璧な申請書を追求するあまり、論文調の文章で書いてしまいます。広告という発想がありません。本人にとっては完璧に見えても、審査員にとってはつまらないものです。

### ◆解決策は1つではない

テーマとして選んだ問題は1つであっても、それを解決する手段は、複数ありえます。手段が複数あるという状況は、学校教育の中では少数派であるといえます。普通の科目では、問題の解き方は1つだけです。最良の解き方を1つだけ教えて、それが適用できる問題に当てはめるというスタイルが強固にあります。

探究学習においては、現実社会にある問題に目を向けることになります。それを解決する手段は1つだけとは限りません。多数の手段が使える問題もあれば、手段が全く見当たらないような問題もあります。

テーマの選定の時と同じく、手段の選定でもなるべく多く考案し、それらの長所・短所を比較して、最も妥当なものを選ぶという手順を踏みます。

ここで例題として、「卵を3階から地面に投げ落としても割れないようにするには、どうすればよいか」というテーマを考えてみましょう。

日常生活での対策を見ると、柔軟な緩衝材《かんしょうざい》でくるむという手段が選ばれています。

しかし他にも案は思いつきます。

パラシュートを付ける。ドローンで運ぶ。地面にクッションを敷く。下から強風を浴びせて落下速度を減らす。卵の殻が割れにくい向きで地面に当たるように姿勢を制御する。卵を鉄の殻でぴったり包み、割れないようにする。等々です。

最終的に選ぶべきは、「最高性能」の案ではなく、「最も妥当」な案です。

理論的・技術的には最高の効果を発揮する案であっても、時間やお金がかかりすぎるのでは採用できません。また、性能が高くとも、成功する確率が低いものもダメです。2回に1回は成功する程度では、アイデアとしては生煮えです。

しっかり細部まで工夫を凝らして、「3回やれば3回ともうまくいく」と自信が持てる程度まで、案を磨きましょう。実行可能性と信頼性（＝成功の確率）が、アイデアの値打ちなのです。

**表4－1　「卵の落下実験」の手段の候補の長短比較表**

| 案 | 長所 | 短所 | 総合評価 |
| --- | --- | --- | --- |
| 緩衝材 | ○<br>実用実績がある。<br>簡単に作れる。 | △<br>地面との激突<br>自体は残り、<br>効果が不足。 | 3点 |
| パラシュート | ◎<br>簡単に作れる。<br>大きくすれば<br>効果が強まる。 | △<br>風に弱い。 | 4点<br>（採用） |
| ドローン | ◎<br>落下速度を<br>制御できる。 | ×<br>予算オーバー。 | 3点 |
| 地面に<br>クッション | △<br>簡単に作れる。 | △<br>効果不足の懸念。 | 2点 |
| 上昇気流 | ×<br>なし | ×<br>効果が弱い。 | 0点 |
| 卵の姿勢制御 | ×<br>なし | ×<br>装置の実現が<br>難しい。 | 0点 |
| 鉄で<br>ぴったり覆う | ○<br>破損を防ぐ<br>効果が強い。 | ×<br>製作が難しい。 | 2点 |

コラム

## 新しいアイデアの考案をはばむもの

アイデアはなるべく多く挙げるべきだとする考えは、理の当然なので、誰もが同意するでしょう。しかし実際にそれを実行できる人は、意外と少ないものです。

人間の思考には、かなり強力な惰性《だせい》があります。今考えているアイデアをよしとして、それを手放さないものなのです。心機一転、別のアイデアを考えるという浮気はなかなかできません。今持っているアイデアを否定するような気分になり、それは自分自身を否定することに通じます。何より、新たなアイデアを考案することは骨が折れますから、もう現状案でいいやと、妥協しがちです。

逆に、目移りばかりして考えがまとまらない優柔不断な状態に陥ることもあります。冷静さを失った一種のパニック状態であるともいえます。アイデアの欠点ばかりが目につき、そこで思考を停止してしまい、長所を拾い上げる努力をおこたっているのです。

考えは、頭の中だけでこね回すのではなく、紙の上に書き出しましょう。考えを文字にすると、冷静になれるものです。

## ◆解ける問題は、たちが悪い

問題は3種類に分類できます。

- ●解けることが分かっている問題
- ●解けないことが理論的に分かっている問題
- ●解けるか、解けないか、誰も知らない問題

何の変哲もないような分類ですが、手段のアイデア出しを大きく左右するので、意外と重要です。

解けることが分かっている問題について考えてみましょう。この種の問題は、「解決手段がすでに存在しているため、今さら他の案を考える動機が失せる」という罠をはらんでいます。現状の解決手段を上回る案を作り出すことは大事なことですが、あえて無理に作り出さなくても困らないので、検討が及び腰になりがちです。

スマートフォンは今では誰もが使っていますが、発売当初は「従来の携帯電話機で十分なのに、あんなに高いものを誰が買うのか？」と疑問視されていました。コンビニエンスストアも、「買い物できる店はすでにたくさんあるのに、真夜中に営業して意味があるのか？」と思われていました。

新しい試みが大成功につながるかもしれないのに、それまでの常識にとらわれると、改革に着手できないものです。「解ける問題」といわれると楽勝そうですが、じつは進歩をはばむ手ごわい敵です。

解けると分かっている問題を解く際は、頭をリセットして考える必要があります。

たとえば、既存の手段は全て使えないものとすると仮定してから考えてみます。「必要は発明の母」なのです。極寒の地では、お湯が調達しにくく、髭剃《ひげそ》りは簡単にはできなくなります。そこでお湯を使わずに済む電気髭剃り機が開発されました。今では寒冷地以外でも広く使われています。

既存の手段で達成できることに満足せず、さらに上を目指すという向上心も、アイデアを生む原動力になります。「より速く、より高く、より強く」の精神です。探究を競技会形式にすると、向上心に火が点きます。「人力飛行機で空をちょっとだけ飛べ」という目標設定なら他人の真似《まね》をすればできますが、「誰よりも遠くまで人力飛行機で空を飛べ」と言われると、手段を徹底的に考え抜かないといけません。競争心に火が点けば、探究が楽しくてたまらなくなります。

コラム

## 天才すぎてプログラム言語の必要性が分からなかったノイマン

解ける問題であるがゆえに、進歩できていない事例を探してみましょう。「今あるもので十分じゃないか」で思考が止まってしまったパターンです。

フォン・ノイマンという大天才は、論理学から、数学、物理学、経済学、コンピューター科学にまでおよぶ、広範な分野で大きな業績を残しました。たとえば、現在、我々が使っているコンピューターは「ノイマン型」と呼ばれていて、彼が考えた設計を踏《とう》襲《しゅう》しているのです。

ノイマンは天才すぎて、並の科学者では絶対に書けないレベルの論文も残しています。自分で自分の複製を製造する機械を「自己増殖機械」といいますが、ノイマンはその手順を考案しています。その手順は壮大なパズルのようなものであり、人間の頭脳で思いつくことができたとは信じられません。

コンピューターは、プログラムと呼ばれる作業命令書に従って作動します。プログラムは、コンピューターへは「ゼロ」と「イチ」の符号の列として入力すればよいのですが、長大な数字の羅列は、普通の人間が読み取れるものではありません。そこで「プログラム言語」という記号の約束を定めて、人間もコンピューターも互いに理解できる記号を使って書かれます。

一方、ノイマンはゼロとイチの羅列で十分に分かるので、プログラム言語を作る必要性を認めなかったという逸話があります。天才には不要の、凡人のためだけの技術というわけです。

現在では、プログラム言語は科学の重要な一分野になっています。凡人のための技術であろうとも、しっかり掘り下げてみると、科学的に深い理論が出てくるのです。

## ◆解けないと分かっている問題には夢がある

理論的に解決不可能であることが分かっている問題は、探究対象としては、むしろねらい目です。本当は宝の山が眠っているにもかかわらず、解けないことがなまじ理論的に立証されているために、誰も手を出していないテーマは多々あります。

簡単に解ける問題を解いても、探究や研究としては手柄になりません。絶対に解けないという評判が立っている問題に食らいつくのが研究の本質です。大学での研究の多くは、「解けない問題」を扱っています。

解けないといわれている問題は、本当に解決手段が存在しないのでしょうか？　理論的には解けないことには違いないが、実質的には解けるという場合が多いのです。手段を思いつくまでは簡単に諦めてはいけません。

「ゼロで数を割ることはできない」と、小学校から高校までは教わります。数学的にはそうかもしれませんが、大学や実社会では、ゼロで割れないくらいで手を止めるようでは仕事になりません。

たとえば、脳波の計測など、何かを測ろうという際に、計算式中の割る数がたまたまゼロになってしまうという不都合は起こりえます。それを乗り越えなければ、実用に耐えません。ちょっと専門的になりますが「一般化逆行列《ぎゃくぎょうれつ》」という手段があって、それを使えば、数学的な厳密性はさておき、実用上はうまい具合に割れます。

研究者は解けない問題に挑戦し続けなければならない運命にあります。世の中には、解ける問題は少ないのです。本腰を入れて何かの活動を始めると、すぐに解けない問題にぶつかります。

高校では振り子の運動方程式を習います。棒をブラブラさせると、その振動の仕方は、振れ幅の大小はあるにせよワンパターンです。右に行ったら、次は左に行くだけです。振動は規則的で、その周期は一定であると習います。運動方程式を解いてみて、そうなるという答えを出す勉強を高校でします。

さて、棒の先にさらに棒をつなげて、ヌンチャクのような構造にしてぶら下げたら、どうなるでしょう？　これを「二重振り子問題」といいます。

この場合は、棒の動きには規則性はなくなります。ごく小さくおとなしく揺らすのなら、動きは規則的ですが、ある程度大きく振ると、思わぬタイミングで不規則な振動を織り交ぜるようになります。

**図４－１　二重振り子の動き**

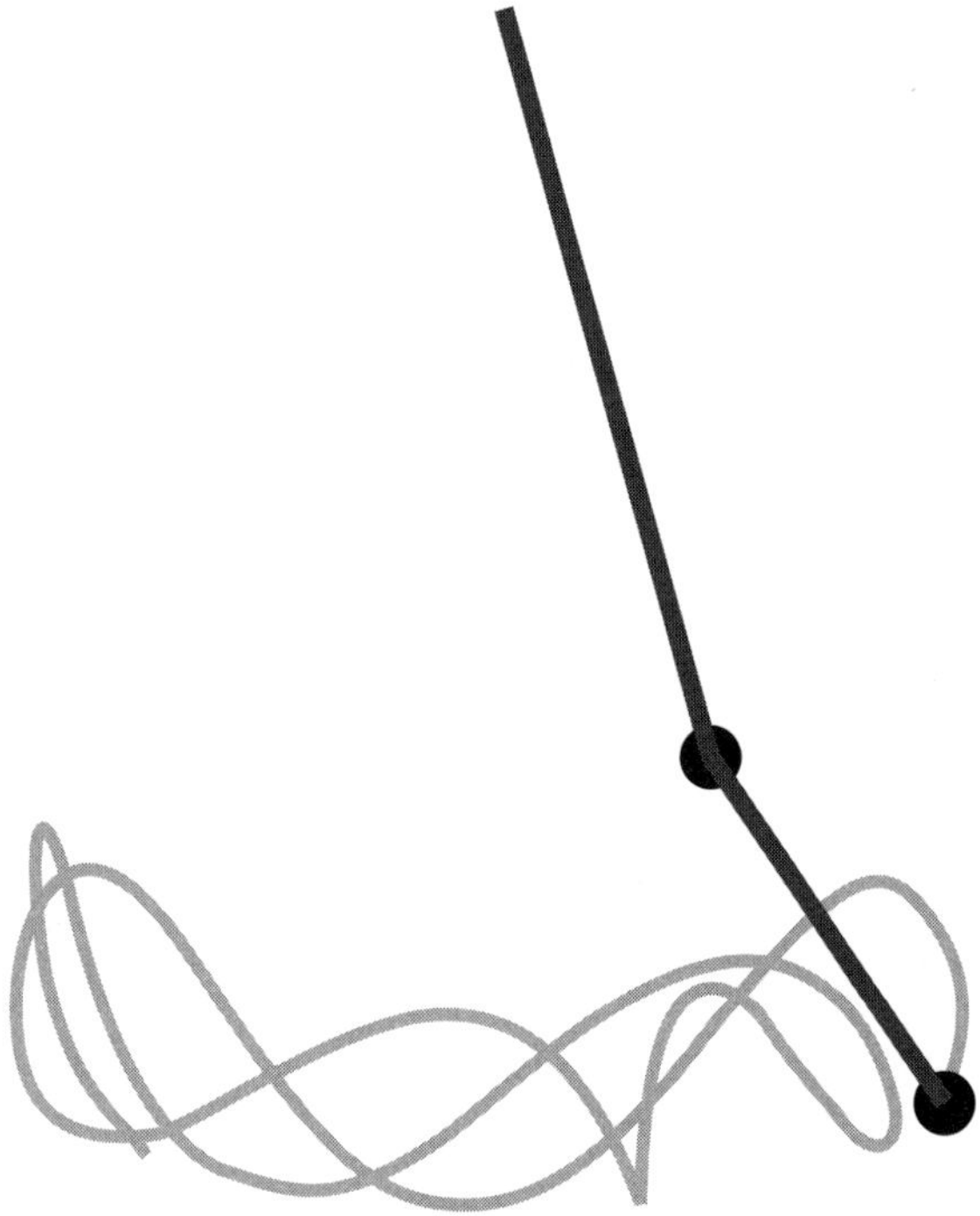

曲線は棒の先の軌跡。複雑な軌道であり、将来の位置の予測は難しい。無料の物理実験シミュレーターStepを用いて作図。

そのパターンは毎回千差万別で、予測がつきません。「10分後に棒はどんな姿勢になっているか?」という簡単な問いにも答えられません。運動方程式を立てることはできますが、式を解くことができないのです。知識は全てそろっているけれど、その先に進めないという状況に陥ります。

「二重振り子の動きは予測できない」ということは理論的な真実ですが、二重振り子程度で降参していては、もっと複雑な機械、たとえば自動車の動きは絶望的に分からないということになります。

ところが現実には、自動車会社各社は、自動車の動きを制御し、乗り心地を改善しようとしのぎを削っているのです。現実社会は、理論上は解けない問題を超えたところにまで進んでいます。

理論的に不可能だろうが、諦めずにかじりついて、解決手段をひねり出すことが、研究の核心です。「できないといわれていることを、何とかする」というガッツが求められます。

コラム

## 「不可能」を「可能」に変えてきた人々

つい最近まで不可能だといわれていて、今は可能になっていることを挙げてみましょう。

人工知能の分野では、「一般画像認識」（画像中に写っている様々な物体が何であるかを、人工知能が言い当てる技術）は、あまりに難しく、当分実現は無理だろうといわれていました。

この世の万物を見分けることは大変ですから、まずは犬だけでも識別することを目指したとします。これでもなお難問です。犬の全身像が写っているのならまだしも、犬の顔だけとか、脚だけしか写っていない写真まで相手にするのは、手間がかかりすぎます。犬以外にまで手を広げるなんて、難問すぎて不可能だろうと思われていたのです。

今では、一般画像認識の機能は、スマートフォンに搭載されていて、誰でも使えます。「犬の写真」で検索すれば、アルバムの中から犬が写っているものを見つけてきてくれます。

画像認識ではニューラルネットワークという計算構造を使います。その初期のものはパーセプトロンと呼ばれていました。

昔、とある人工知能の大家が、「パーセプトロンは排他的論理和を認識できない」ということを数学的に証明しました。平たくいえば、かなり簡単な図形ですら認識できないということです。この証明は学界で重く受け止められ、ニューラルネットワークへの研究の熱が一気に冷めたといわれています。今からしてみれば、証明の前提条件がかなり不利に設定されていたと思えます。

「経済学は実験ができない」ともいわれていました。経済現象は、現実の社会で1回こっきりしか生じないものですから、あれこれ条件を変えて何度も実験することができないという理屈です。今では実験経済学が盛んです。

不可能という評判をくつがえすことで、学問は発展していきます。

## ◆解けるか分からない問題は最小限の成果をねらえ

自分独自のテーマに取り組むと、参考になる前例が全く存在しないという状況になります。

前例があれば、「○○さんはこう解いた」とか「○○さんの探究はここで止まった」といった情報が得られるのですが、それがないとは心細いものです。草ぼうぼうで、誰も歩いた形跡がない藪《やぶ》に分け入って、道を開かないといけません。情報がないという状況が、一番きついのです。

探究にせよ、会社での仕事にせよ、本腰を入れて考えることを要する問題は、この「解けるか分からない」のカテゴリーに属することが多いといえます。前例のない仕事は時折発生します。それは不可能だとは思えないけれど、具体的にどうすれば成功するのかも未知です。

思えば、こうした探究の苦労は登山に似ています。

登山のコースには、折り返しコースと、通り抜けコース（「縦走《じゅうそう》」ともいう）の2つのパターンがあります。折り返しコースは、出発点から山頂まで行き、行きと同じ道をたどって出発点に戻るものです。通り抜けは、山を越えて、山の向こう側に設定したゴールを目指すものです。

遭難が多いのは、通り抜けコースの場合です。通り抜けコースは、常に新しい道を歩むことになるので、道に迷いやすいのです。折り返しコースなら、1度通った道を引き返すので比較的安全といえます。

しかし折り返しコースは、同じ道を2度通るのがつまらないという理由で嫌われます。旅のルートは「アルプス縦走」や「アメリカ横断」などと通り抜けコースで設計されがちですが、楽しい反面、トラブルは多くなります。

さて探究に戻って考えてみれば、折り返しコースとは、高望みしない計画を持つということです。「AもBもCも全部できて完成」という欲張りな態度ではなく、「Bがダメそうなら、Aに到達したことだけで満足して引き返す」という考えです。たとえ山頂には到達できなくとも、最小限の成果だけは確実に到達し、それ以上はオマケと考えます。

小さい成果だけで成功といえるのかと不安になりますが、そもそも探究の成功／不成功の基準は主観的なものです。豪華な成果でなくても構いません。掲げたテーマに対して、一応の格好がつく最小限の成果が達成できれば、それで十分です。

成果をむやみに求めて手を広げすぎることは、むしろ悪です。謙虚に最小限をねらうことが成功の秘訣《ひけつ》です。

実験装置は最小限のことしかできないように設計されます。月着陸船は、「月にも火星にも使える」ではなく、「月にしか使えない」ように設計されました。あれもこれもと要求を増やすと、設計の難易度は跳ね上がります。これでは実現しないでしょう。

テーマと手段とは、「鶏が先か、卵が先か」の関係にあるといえます。

普通はテーマを先に決めますが、それが難問すぎれば、手段を全く立てられませんから、テーマの撤回を余儀なくされます。自分にできる手段の中に収まるように、テーマを縮小します。そして、改めて手段を考えるという堂々巡りをしながら検討していくことが、現実には多いでしょう。

孫子は、「戦争は国力を激しく消耗する。よって、戦争を不満はあれど早く切り上げるという判断はありえるが、あえて長引かせるということはない」としています。1つの目標だけをねらい、最短コースでそこを進み、速攻することが正解です。二兎を追ったり、途中で寄り道したり、終わりを決めずにだらだらするようでは成功しません。

「最小限で速戦速勝」という考え方は、ソフトウエア工学では「アジャイル（迅速）開発」と呼ばれます。

ソフトウエアやコンピューターシステムの開発では、企画段階で「あれもこれも盛り込みたい」と要求が増えてしまい、結局、虻蜂《あぶはち》取らずとなり、期限が来ても何もできていないというトラブルがよく起こります。

その逆を行くアジャイル開発では、最初に大急ぎで最小限のものを作ります。より多機能のものが欲しいと言われたら、最小限の版を土台にして増築して、容易に作ることができます。

コラム

## 追う時は、一兎ずつ

二兎を追うことは、なぜよくないのでしょうか？　二兎を獲れるかもしれない場合は追うべきでしょうか？

科学実験には、「試すなら1つずつにしろ。一度に複数のことを試してしまうと、何が何だか分からなくなる」という原則があります。

2種類の薬を同時に飲んで、病気が治った場合、どちらの薬に効果があったのかを特定できません。病気が治ったという意味では成功ですが、どれが効くのかを見極める実験としては失敗です。

しかし人間は欲張りで横着ですから、1回の実験で全てを済ませたがります。その結果、複数のアイデアをまとめて試してしまい、結果を見ても何が何だか分からなくなるという失敗をします。この欲にブレーキをかけることが、研究の秘訣だといえます。

## ◆ブレークダウンと具体化

解決策を作るには、次の3つの手順をたどることになります。

1.【ブレークダウン】……課題を小さな部分課題に分解する。
2.【具体化】……部分課題に対して、それを解く仕掛けを作る。
3.【統合】……仕掛けを統合して、課題全体を解けるようにする。

課題を解く方法を考案するには、課題をさらに小さな課題へと分解する必要があります。これを「ブレークダウン」といいます。

たとえば、「病気を治すにはどうすればよいか?」という課題に対して、「病気を治す方法を発明すればよい」という答えは、論理的には全く間違っていませんが、解決策にはなっていません。やみくもに論理を進めても、答えには到達しないのです。

「病気を治すには、何と何と何が必要である」という具合に、部分的な小課題にブレークダウンするべきです。ブレークダウンなしには設計は進まないのです。「具体化」は、部分課題に応える物体的な仕掛けを考案するステップです。課題は願望であって物体ではありません。一方、仕掛けは物体です。

たとえば「高いところに登りたい」という課題に対しては、「はしご」という棒が組み合わさった物体が呼応します。「はしごを使うことぐらい当たり前だろう」とも思えますが、よく考えてみれば「高所への移動」と「棒の組み合わせ」との間には直接的な関係はありません。両者の関連付けは、知恵を使わないとできないことなのです。

「具体化」は、発明の才能が必要になる、難しいステップです。「具体化」をなるべく簡単にするためには、それに先立つブレークダウンを念入りにしなければなりません。課題を小分けにしておけば、考えねばならない範囲を狭められるので、解決策を見つけやすくなるのです。

たとえば、「遠くの人と話したい」という課題は、「音を電気信号に変える」「電気信号を伝える」「電気信号を音に戻す」という3つの小課題に分解できます。

そして、「音を電気信号に変えるための仕掛け」は何だろうと考えてみれば、マイクロフォンを使えばよいと分かります。「電気信号を伝える仕掛け」として電線があり、「電気信号

表4－2　課題のブレークダウンと統合

| 全体課題 | 部分課題 | 仕掛け | 統合 |
| --- | --- | --- | --- |
| 遠くの人と話をしたい | 音を電気信号に変える | マイクロフォン | 電話機 |
| | 電気信号を伝える | 電線 | |
| | 電気信号を音に戻す | スピーカー | |

を音に戻す仕掛け」としてスピーカーを思いつきます。

このように、具体的な解決策を考えつくには、必ず部分的要素へのブレークダウンを経由することになります。部分的要素の構成がないまま、いきなり「電話」という全体の概念が先にひらめくわけはありません。

さて最後のステップは「統合」です。ブレークダウンして、部分的要素ごとの解決の仕掛けを、1つに統合します。どの要素をどこに置くか、それぞれをどう連結させるか、といった調和と連携を実現する設計案を考えます。

以上の3つの過程は、表4―2のように整理して表すことができます。課題や仕掛けがどう対応しているかを一覧して、万全な解決策を設計します。

コラム

## 一石二鳥は危険な特徴——課題と仕掛けは一対一とする

ここに挙げた例では、部分課題と仕掛けの対応は一対一でした。１つの部分課題に対して、それだけに応える仕掛けを１つだけ用意しました。

では、２つの部分課題に対してたった１つで応える仕掛けという、一石二鳥の仕掛けはよいのでしょうか？

世間では一石二鳥は効率がよいこと、都合のよいこととして好意的に受け取られていますが、設計学の世界では、危険な特徴であるとする意見があります。

コンピューターのプログラムでは、ブログラムの１カ所が複数の役目を果たすように作ってしまうと非常に困ります。

ある役目において、何らかの不都合が持ち上がったため、その箇所を修理・改造したとします。しかし、その改造が、他の役目での動作に支障を来《きた》すかもしれません。改造の影響が及ぶ範囲を全部手直しする必要が生まれます。

手直しを忘れると、プログラム全体が動かなくなるという故障はよく起こるものです。
ゆえに一石二鳥のプログラムは禁じ手だといわれます。
こうした事情があるので、一対一が、設計の「解」の理想形です。

# 第5章 調査と実験のコツ

## ◆よい探究活動をするには支援が必要

私が大学院生だった時、学科の教官たちが持ち回り形式で担当をする講義がありました。その中に、人工心臓研究の権威である井街宏《いまちこう》教授の当番回も含まれていました。先生は、人工心臓の話もされたのですが、「人工心臓の研究に関わりのない学生さんが大半だろうから」とおっしゃって、受講者全員に役立つ話題として、研究の心得を講義されました。そのいくつかをここに掲載したいと思います。

- ●下手でも気にするな。
- ●良いものは真似をせよ。
- ●道具をそろえろ。
- ●専門家の言うことを鵜呑みにするな。

「下手でも気にするな」とは、怖気《おじけ》づくなということです。研究は前人未踏の領域を行くのですから、誰でも下手で当たり前であり、上手な人や熟練した人はまだ存在していないのです。

「良いものは真似をせよ」は、先人の真似をすれば済むことは、謙虚に真似をしようということです。すでに成功することが分かっている手段は、そのまま受け継ぎましょう。

これは当然の理に見えて、意外と守る人は少ないものです。他人の真似をするなど研究者としてのプライドが許さないということがあります。企業にも「わが社が発明したものじゃないなら使わない」という対抗心があります。これを「Not Invented Here（ＮＩＨ）シンドローム」といいます。研究のテーマの核心についてなら「真似をするぐらいなら、それを上回るものを発明してやろう」と対抗心を持つことは研究者として大事です。しかし、部品についてまで、買えば事足りるものを一から自前で作り直すのは無駄です。

「道具をそろえろ」は、「弘法は筆を選ばず」とは真逆の発想です。ただでさえ素人が探究をするのですから、道具がベストでなければ、まず失敗します。

たとえば、材木を切るのに安いのこぎりを使うと、切り口が歪《ゆが》みがちです。その上、疲れますし、下手をすればケガをします。一方、電動工具を使えば、楽に速く正確に切れます。

実験を、正確に、精密に、短期間で、低事故率かつ、低故障率でやろうと思ったら、プロ向けの道具を使わないといけません。「成功は道具で勝ち取るもの」という一面が、探究の世界には色濃くあります。有り合わせの道具を安直に使うのではなく、専門の道具を探してみることが大事です。

「専門家の言うことを鵜呑みにするな」とは、専門家であっても自分の体験したこと以外については、間違った推測を言いがちであるということです。

前述した、人工知能による一般画像認識も、今では当たり前に使われている技術ですが、専門家は実現するのはもっと先の未来になるだろうと思っていました。「灯台下暗《とうだいもと》し」といいますが、なまじ詳しい専門家ほど、推測は当たらないものなのです。未知のことは、実際にやってみなければ分かりません。サントリーの創業者である鳥井信治郎《とりいしんじろう》のモットー、「やってみなはれ。やらな、わからしまへんで」の通りなのです。

では、専門家をあなどってもいいのかというと、それもいけません。「良いものは真似をせよ」の原則があります。専門家の推測は疑うべきですが、専門家自身が実地で成功してきた方法は洗練されていて優秀です。それは素直に学ぶべきでしょう。

これら探究のコツは、生徒に対してだけでなく、生徒を支援し指導する先生や学校にとっても指針となります。

支援のスタイルには次の3種類があります。

- 伴走型支援：探究活動の状況について定期的に話を聞く。活動が停滞している場合は相談に乗り、解決策を導き出すことを助ける。
- 既知部分解決型支援：「良いものは真似をせよ」の精神で、解き方が世の中に知られている部分は、それを踏襲して成功を得るように誘導する。解決策を専門書で調べたり、専門家にコンタクトを取るなどして、うまくいく方法を入手できるように支援する。

●基盤提供型支援：「道具をそろえろ」の精神で、誰の探究学習にも共通して役に立つ基盤を与える。皆が使える道具や材料、書籍をそろえる。

先生の役割として、一般的には伴走型支援がイメージされますが、それだけではありません。支援は多角的に充実させたいものです。

コラム

## 大学の授業が、学年が進むと簡単になる理由

「大学の授業は学年が進むほど簡単になる」といわれます。大学院の修士課程ぐらいまでなら一応は難しい内容ですが、博士課程の授業はどれもだいたい簡単です。

勉強が進んで、話が学問の最前線に近づくほど、先生自身も答えを知らない未解決問題の話題が増えてきます。世界中の研究者が今まさに考えている未解決問題は、正解が不明なのですから、テストの作りようがありません。結局、テストは学界の動向を調べてレポートにまとめるといった、易《やさ》しいものになりがちです。

また、大学院レベルになると、専門分野があまりに細分化しすぎて、受講する学生の専門と一致しなくなるという点もあります。先生は自分の研究しているテーマには詳しいけれど、それは多くの聴講者にとって、自分の専門からかけ離れているものです。専門外のことを急に勉強しても深く理解できるわけもなく、仮に習得しても本人にとって使う見込みがないものなのです。

しかし、大学院では、一定の質と量の授業をしないといけません。たとえ使い道がなさそうな内容であっても聴講させられます。

先生としては、せっかく講義するのだから、少しは学生に使ってもらえる内容を入れたくなるものです。その結果、博士課程の授業では、研究者たる心構えや、実験のコツといった、楽屋噺《がくやばなし》的な内容がしばしば登場します。

博士課程は学年の最上限であって、それ以降はありません。小学校入学以来、およそ20年間も続いてきた授業のシリーズも、ついにここで最終回です。博士課程での何気ない講義が、最後の授業になります。

先生としては、最後の授業で些末《さまつ》なことを講義するよりは、印象に残って実際に役に立つ話をしたくなるものです。

## ◆外の知識を掘り起こせ

探究では情報収集のために、本やネット上の資料に当たったり、人に尋ねるといった調査が必要になります。

調べものの経験は他の授業でもありますが、探究での調査はひと味違います。答えを自力で掘り起こす必要があるのです。「この本を読めば答えが見つかる」とお膳立てしてあるのが普通の授業ですが、本格的な探究ではそういった助けはありません。

織田信長が生まれた年は、歴史の本を開けば調べはつきます。かたや、「織田信長は納豆を食べていたか?」という問題では、そればかりをクローズアップした本など身近に転がっているものではありません。自分で様々な資料を集めて、情報をつなぎ合わせ、答えを導き出さないといけません。

そもそも納豆は、天下国家の話題ではありませんから、歴史書には記録されにくく、調査が難しいといえます。とはいえ、捨てる神あれば拾う神ありで、『鎌倉遺文』という鎌倉時代の古文書《こもんじょ》のオールコレクションがあって、手紙や事務書類なども数多く集められています。それを検索すると、納豆は、近畿から東海地方のお寺のちょっとした記録の中に幾度か登場します。鎌倉時代にすでに近畿・東海の寺には広まっていたとなると、戦国時代の信長も納豆を食べていた可能性が高まります。という具合に、謎を追い詰めていきます。

調べ方の腕前が、調べものの成否を大きく左右します。イギリスの歴史学者トレヴェリアンは「教育は、読むことはできるが、どの本を読むべきかわからない人間を大量に作り出した」と言っています。読むべき本を知っていることが調査能力の差を生みます。

調査の突破口となる情報源の存在を最初から知っていれば、話は簡単です。しかし、現実の調べものは、何を調べればよいかすら知らないという全くの白紙状態から始めないといけません。ネット検索しようにも、検索するべき言葉を知らないので何もできません。トレヴェリアンの名前を知らない人は、トレヴェリアンについて調べられないのです。「知らないことは知りえない」という堂々巡りに、最初は誰もがはまっています。

堂々巡りを破るには、偶然に出会うしかないといえます。私がトレヴェリアンの名言を知っているのは、たまたま聴いていたラジオ番組で、この言葉が紹介されたからなのです。「犬も歩けば棒に当たる」のことわざの通り、答えの方から自分の懐《ふところ》に飛び込んできてくれることが、まれにあるのです。犬も歩けばの精神で、とにかく歩き回り、何でも見て回りましょう。

たとえば、大きな図書館に行き、全ての本棚を一巡してみましょう。全く気にも留めていなかった棚に、自分への答えが載っていそうな本が置かれているかもしれません。あるいは博物館でも、美術館でも、ただの工場地帯でも、田園の中でも、構いません。偶然見かけたものが大きなヒントになって、自分の考えを変えることになるかもしれないのです。

人に尋ねることも、調査では大事です。何かの出来事を調べるには、その事件に居合わせた当事者から聞くと、本に書かれている情報とは少し違った話が得られるものです。

当事者の次に有益な情報を持っている人として、専門家が挙げられます。専門家は一般人からは縁遠い存在です。意見を聞きたくても、人脈がないので、気軽に訪問することは難しいかもしれません。

しかし一方で、大学は高校生の入学志願者の獲得に躍起になっています。大学の先生が高校生向けに講義したり、大学のオープンキャンパス見学会を開いたりしています。質問してみるチャンスは意外とあるものです。ちゃんとした質問をする生徒は、向学心のある人ですから、大学としてはぜひ入学してほしいと考えます。

コラム

## 本で語られる出来事と、実際の記憶との乖離《かいり》

自分がその場に居合わせた事件について、他の人が書いた本を読むと、「実際は違うぞ」と思うことがしばしばあります。

たとえば、日本が１９８０年代後半に体験したバブル経済について、経済学の本ではあれこれ経済学的に解説されていますが、当時を見てきた私としては、別の意見を持っています。

当時は、土地や株を転売すれば確実に儲《もう》かり、お金が余って仕方がない「金余り」と呼ばれる状態に国全体が陶酔していました。経済の専門家が、企業の金余りが問題だと言っていたのです。今、冷静になって考えてみれば、金余りの何が問題なのかさっぱりわかりません。しかし、当時は大半の人は、その説明を疑わなかったのです。

川崎市のとある竹藪《たけやぶ》で、１億円以上の札束が捨てられているのが見つかるという事件がありました。「残りがまだ落ちているかも」と冗談を言い合っていたら、後日、本当に別の９０００万円が見つかったのでした。この頃、テレビのグルメ番組では、ラーメ

ンに金箔《きんぱく》が載せられていて、お値段数千円といったものばかりが紹介されていました。世の中の雰囲気がこうなってしまっては、誰もが投機に走ります。投機の果てに破綻《はたん》して、大不況に突入することになりました。経済学の本は、こういう象徴的な事件を取り上げねば、画竜点睛《がりようてんせい》を欠くと思います。経済現象というより、集団心理現象だったのです。

## ◆大事なところを念入りに調べる

大学には様々な実験計測装置があります。最近は装置が便利になっており、初心者が使っても、計測結果を自動できれいなグラフに描いてくれます。

しかし、ここまでおんぶにだっこでは、研究能力は上達しないので、考えものだなと思います。特に、「極値《きよくち》の追究」という大事な作業を装置が自動でやってしまうので、その必要性を勉強するチャンスがなくなる点は、ありがた迷惑といえます。

たとえば、紙飛行機を飛ばす実験をして、表５―１のような結果が得られたとします。

これをそのまま教授のところに「実験が終わりました〜」と持って行くと叱られたものでした。

人間は数字の羅列だけではデータの本性を理解できません。グラフにして可視化しないといけないのです。まずは表5―1の値をグラフにしてみましょう。それは図5―1のようになって、翼の長さが70ミリのあたりが一番大きいのだなと分かります。

これを「グラフにしました〜。見やすくなりました〜」と教授に見せると、「君は研究テーマに興味がないのかね？」と叱られます。

紙飛行機を飛ばす研究なのですから、一番遠くに飛ばせる翼の長さを追い求めないようでは、ガッツが足りません。「ざっと測ったところ、だいたい70ミリがいいです」では、素人っぽい粗雑な実験に過ぎません。

腕のいい研究者は、最大値が得られそうな条件での実験を追加して、どこまで値が大きくなるかを追究します。152頁の図5―2のように、グラフの頂《いただき》の周りを集中探索するのです。図5―1は漫然と等間隔に実験しただけですが、図5―2は重要な部分を高密度に計測しています。

この技を知っているかどうかが、いい実験をできるかどうかに直結します。

**表5－1　紙飛行機の翼の長さと飛行距離の結果**

| 翼の長さ（mm） | 50 | 60 | 70 | 80 | 90 |
|---|---|---|---|---|---|
| 飛行距離（cm） | 324 | 412 | 584 | 539 | 477 |

**図5－1　「表5－1」をそのままグラフにしたもの**

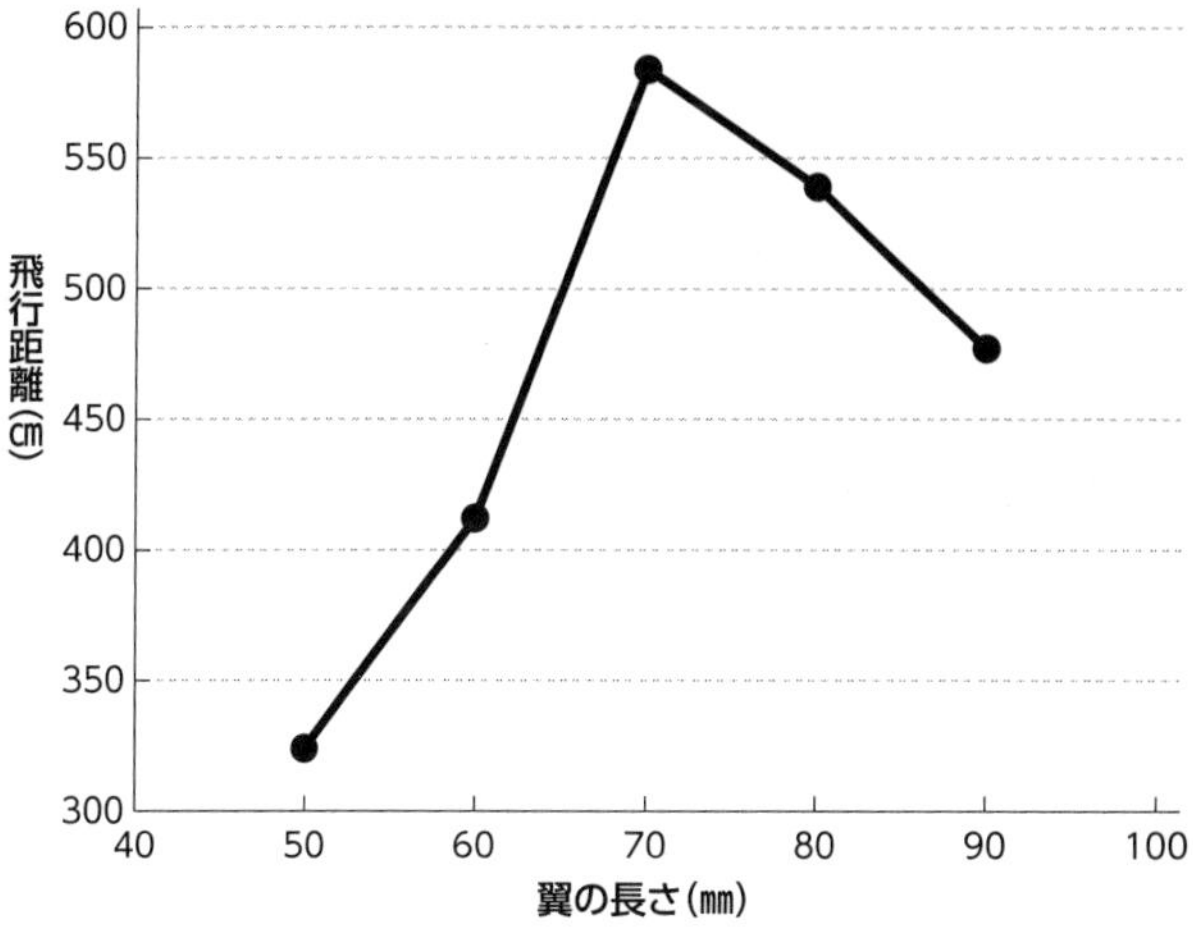

**図5－2　最大値を求めて、追加の計測をした結果のグラフ**

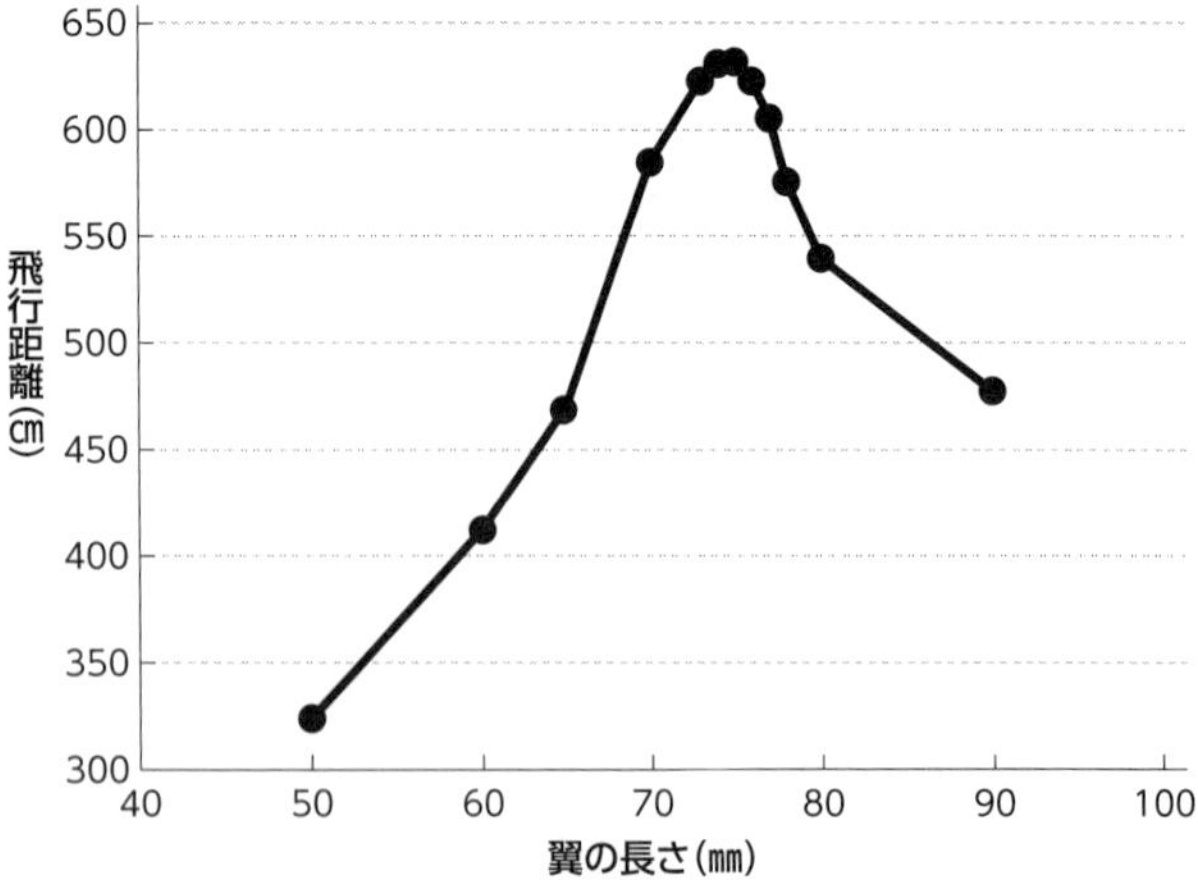


よい研究者は掘り下げる気質を持っています。何かを測れたり、調べがついたりした時、それに満足するのではなく、さらに近寄って観察するのです。

ガリレオ・ガリレイは天体望遠鏡を発明しました。望遠鏡があれば、月を観察するまでは誰でもやることでしょう。凡人なら、「私は望遠鏡を発明し、月の表面を詳しく見ることに成功した」と報告するだけで終わってしまうものです。

確かにそれだけでも偉大な成果ですが、ガリレオはさらに踏み込んでいます。彼は、月の山は非常に高いことに気付きます。確かに半月を望遠鏡で観察すると、月の表面は非常に凸凹《でこぼこ》していることが分かります。ガリレオは、凸凹の模様から山の標高を計算し、4マイルに達する高山であることまで報告しています。……といった具合に、観察眼が鋭いのです。

写真家のロバート・キャパは、「下手な写真は、被写体への接近が足りない」と言っています。それと同じで、対象にどれだけ近づけるかが、探究の値打ちを決めるのです。

---

コラム

## 実践を先にすることで、学ぶ意味がはっきりする

専門的な技術は、本を読んだり、最近ではネット上の解説動画を見れば、学ぶことができます。独学でもかなりの勉強ができます。

しかし、実験のノウハウは、実践を通じてでないと学べない部分が多いのです。「極値の追究」も教わりにくいものの1つです。

全く教えていないのではなく、高校ではその根底にある理屈を一応は教えます。高校数学の微分の授業では、「グラフの曲線の極値点（最大値や最小値、極大値、極小値になっているところ）では、グラフの導関数の値はゼロである」と教えられます。テストでもこの点に関する問題を何度も解かされます。

ただ、この知識を無味乾燥に覚えていても、それだけでは実生活では使い道を見いだせません。

もう少し掘り下げて考えてみます。導関数がゼロだということは、導関数の根《こん》がそこにあるということです。全ての根を精密に特定できれば、導関数の数式も精度高く分かります。導関数が精度高く分かれば、それを土台にしてグラフの関数も精度高く分かります。

ややこしくなりましたが、要は、「物事を調べる時は、最大値や最小値がどこにあるかを執念深く調べろ。そうすれば調査の精度が格段に上がる」という原理を、導関数云々《うんぬん》の話は数学的に言っているのです。

この知識を、無味乾燥な数学的な事実という側面から教えるべきでしょうか。実践的な知恵の側面から教えるべきでしょうか。実践から先にする方が、勉強する意味がはっきりしていますから、有益でしょう。

## ◆「極端」を試し、「引き算」を心がける

13世紀イギリスの僧侶であり科学者でもあるロジャー・ベーコンは、科学を考える上で実験を重視しました。これは当時としては珍しい態度であり、彼は近代科学の祖と呼ばれることになります。

彼の言葉に「自然の真理を知りたければ、優しく尋問しても無駄である。自然を拷問《ごうもん》にかけるべし」とあります。

常識の範囲内で実験しても、起こることは日常生活でも見慣れているようなことばかりで、別に不思議な現象は起こりません。前代未聞の極端なことをしなければ、新発見はないのです。

コロンブスは、「地球は丸い。よって、大海原《おおうなばら》をとことん西に進めば、東にあるインドに、地球を一周回って行きつくはずである」と考えました。しかし、西の海は途方もなく広く、島もなく、海の向こうに行って帰ってきた者は、今まで誰もいませんでした。常識的に考えれば、西への航海は、死にに行くようなものだったのです。

コロンブスは、地球が丸いことを確信していたので、ひるまずに、極端なまでに西へ進ん

でいきました。彼が常識人であり途中で諦めて引き返していたら、アメリカには到達しなかったことでしょう。

18世紀フランスの科学者ラボアジエは、水を容器に入れて密閉し、101日間煮続けるという実験をしました。現代人の目からすれば、馬鹿馬鹿しい実験ですが、これには理由があります。

当時は、古代ギリシャの哲学者アリストテレスの説が正しいとされていました。アリストテレスは、「水は熱すると土か空気になる」という間違った説を書き残しています。その真偽を確かめるために、水を徹底的に加熱したのです。中途半端では実験にならないので、極端に長い期間、極端に密閉して煮たというわけです。

その結果、水は水のままであり、2000年間信じられてきたアリストテレスの説は、やっと否定されました。

常識の範囲内から逸脱するためには、むしろ間違えた方がよいとすらいえます。

ある病院で、心臓の手術の最中に、誤って10倍の量のモルヒネを患者の体内に注入してしまうという事故がありました。モルヒネは劇薬であり、それを10倍も多く注入したのですから、患者は死亡するかと思いきや、驚くべきことに心臓は好調に動きました。従来、適切と考えられてきた投与量は、むしろ少なすぎたのです。常識外れなほど大量に投与する方が正しかったのだと分かったのでした。

この他にも、聞き間違いや、見間違い、あるいは実験装置の故障などで、当初ねらっていたものとははるかにかけ離れた条件下で実験してしまい、それが大発見につながったというセレンディピティの例は、枚挙に暇《いとま》がありません。

実験条件の極端化は、「引き算の美学」につながります。「Aを極端にしたい」という目論見を突き詰めると、「A以外のものは全て退場させよう」という結論に行きつくのです。

ゴミや雑音などは、実験の邪魔をする「外乱《がいらん》」と呼ばれる要素です。外乱はできる限り消しましょう。プロの科学者は、空気中のちりがほとんどないクリーンルームに入って実験することがあります。目に見えないちりとはいえ、実験を破壊する恐るべき存在です。

材料や環境のムラやばらつきも実験を乱します。実験に関わる物事は、いつでも一定の質になるように統制します。

たとえば、長く飛ぶ紙飛行機を探究する場合、素材の紙の質がバラバラでは、実験で比較できません。紙の質を完全にそろえる必要があります。

また、飛行実験を、近所の公園などでやってみても、たまたま吹く風の影響を受けてしまい、信頼できるデータがとれません。風のない屋内で実験するべきです。

さらにいえば、紙は空気中の湿気で重さや硬さが変わってしまいます。空調装置を使って湿度をそろえるべきでしょう。自宅から持ってきた、有り合わせの日用品を使った実験は、材料や環境の統制がとりにくいので失敗しがちです。

プロの科学者は、調べることを邪魔する要因と、調べたいことと無関係な要因の2つは、徹底的に排除します。実験が成功するしかありえないというレベルにまで、条件をお膳立てするものです。

「運よく邪魔な要素がなければ成功するかな」とか、「どうなるか実験で調べてみよう」ではなく、「成功するのが目に見えている出来レースを作る」ことが秘訣です。「勝ってから戦え」の原則が実験にも当てはまります。

コラム

## 一輪の朝顔の美しさ

千利休の庭に、朝顔が見事に咲いているという話を聞いた豊臣秀吉は、早速、朝の茶会を開くように命じて、庭を訪ねてみました。ところが、来てみれば、庭には朝顔は一輪もありません。

がっかりして茶室に入ると、そこには朝顔がたった一輪だけ飾られていました。大量に咲いていた花を取り払い、一輪だけを飾ったのです。

一輪だけであるからこそ、花そのものに向き合い、深く観賞できるという仕掛けです。大雑把な観賞にならないように、無駄な要素を引き算したのです。以来、茶室の周りには花を植えないことが定石《じょうせき》となっています。

実験も同じで、その成功には無駄な要素を取り去る配慮が欠かせません。

探究の全体像もそうだといえます。「あれもこれも調べる」のではなく「１つの仮説だけを追い、それ以外は相手にしない」ことが正しいのです。

## ◆失敗こそが大チャンス

調査や実験の結果、当初に持っていた仮説や予想とは違う結果が出てしまうこともあります。それは失敗のように見えますが、じつはこれこそが大チャンスです。

研究者は、それまでに学界で知られている情報を総動員して考え抜き、成功に絶対の自信を持って実験に臨みます。それでも失敗したということは、まだ誰も知らない何かがあるという可能性を濃厚に示しています。新発見のチャンスが降臨しているのです。

優秀な研究者は、失敗にうろたえることなく、冷静に状況を確認します。自分の仮説がどの段階までは成立していて、どこから外れたのかを、順を追って調べてみることになります。

イギリスの物理学者ラザフォードは、金箔にアルファ線という放射線を当てるという実験をしました。実験前の予想では、アルファ線の粒子は金箔を突き抜けるだろうと考えられました。金箔は薄く、アルファ線粒子の勢いは強いのです。

実験してみると、予想通りに突き抜けたアルファ線も多くありましたが、なんと跳ね返されるものもありました。ラザフォードは、「ちり紙をめがけて大砲を発射したら、砲弾が跳ね返されたようなものだから、びっくりした」と語っています。

この結果はどういうことなのでしょうか？

まずは、実験の装置や材料自体に間違いがないかという基本の段階を調べます。そこに間違いがなければ、本当に跳ね返っていると考えざるをえません。投げつけた粒子が跳ね返るということは、粒子よりもずっと重い何かにぶつかったはずです。

また、通り抜けた粒子が多かったということは、重い何かはそれほど多くはないといえます。つまり、金箔の中身は均質ではなく、ところどころに重くて硬い何かがあると、実験結果は言っているのです。

金箔は、高純度の金原子だけがつながったものですから、「金以外のものに当たった時に跳ね返った」という説は却下されます。跳ね返したり、跳ね返さなかったりという気まぐれな結果の原因は、金原子にしかないと分かります。

以上を考慮すれば「金原子は、その一部分が重くて硬い」という結論になります。この実験結果こそが、世に名高い「原子核の発見」となりました。

仮説の見込み外れを幸運なチャンスにできるのは、仮説をしっかり考え抜いた人だけです。実験や調査に入る前に、すきのない仮説を立てることが大事なのです。

仮説自体が大雑把《おおざっぱ》だと、仮説のどこが現実からそれるのかを特定できません。「カエルを食べると顔が緑色になるはずだ。なぜならカエルの顔が緑色であるからだ」といった、途中の論理展開がスカスカな仮説では、実験に失敗しても、何の発見にもつながりません。

研究不正の事件は後を絶ちません。自分の立てた仮説が杜撰《ずさん》であるにもかかわらず、それに過度な愛着を持っている人がたまに出現します。そのような人は、実験で仮説が外れると、仮説を疑うことをせずに、不正に走ります。データを改ざんして、仮説が成り立ったと強弁するのです。「この実験に成功しないとクビになる」というプレッシャーや、「自分の仮説が外れるのは恥ずかしい」という間違ったプライドが、不正に手を染めさせるのです。

こうした、仮説の失敗を許容しない雰囲気は、組織をダメにするといわれています。

大学のみならず会社でも、ほとんどの組織では、プロジェクトを管理するために、まず目標を立てさせ、終了期限が来たら成否を評価するという「プレッジ・アンド・レビュー」の方式を使っています。

しかし、この方式はうまくいかないものです。人間は「自分のプロジェクトは失敗しました」とはおいそれとは書けないものです。書類の上では理屈をあれこれこねて、「成功しました」と言いくるめることになります。書類上は成功したと書いてあるけれど、成果の実態はパッとしないのです。評価と現実が乖離していきます。

「Fail fast!（早く失敗せよ！）」という考え方が、アメリカのコンピューター業界にはあります。小さくとも粗《あら》くとも、競争相手より早く着手して、早く失敗を経験する。失敗から発見して、改良する。これが大きな成果を生み出すプロジェクト管理法だといいます。

ベスト・エフォートで（＝きっちり、たゆみなく）頑張っている人を、失敗したからといって、低く評価する必要はない。そういう考え方です。

コラム

## 極端までたどり着いた人にのみ、見えるもの

自然は、日常生活的な状況では、珍しい現象を見せてくれませんが、極端な状況ではかなり意外なことをします。

18世紀ドイツの哲学者のカントは、次のようなアンチノミー（正しいとも間違いとも決めかねる命題）を挙げています。

「物質は、どこまでも細かく分割することができるか？　あるいは、割ることができない素粒子の集まりであるか？」

仮に、どこまでも分割できるとすると、その恐ろしく小さな破片は、一体何なのかを考えねばなりません。小さな破片とはいえ、さらに無限に細かく分割できるわけです。どこまで小さくなっても、なお物質としての性質を保ち、切れ目を作れるという構造とは、どんなものなのでしょう？　考え難いといえます。

一方、割ることができない素粒子でできていると考えるのも困りものです。そのよう

な素粒子同士をぶつけて強引に割ろうとしたら、どうなるでしょう？　それでも割れないのでしょうか？

どちらの説に立っても、深刻な問題を抱えてしまいます。

この問題の答えは、実験で知ることができます。加速器という装置で素粒子同士をぶつけて、割れるかどうかを観察できます。すると、自然は「割れない素粒子を割ろうとするなんて。仕方がない。奥の手を使うか」と言わんばかりに、今まで隠していた現象を見せてくれます。

日常生活の中で、この奥の手を目撃することはありません。素粒子は、金鎚《かなづち》で思いっきり叩いても、ダイナマイトで爆破しても、それくらいでは割れないのです。

自然は、極端な状況にまでたどり着けた人限定で、こっそりと答えを教えてくれるのです。

# 第6章 成果のとりまとめと発表

## ◆発表してこその探究

成果を聴衆の前に立って発表することは、探究活動の本質的な部分です。発表なき探究は未完成であり、誰にも成果を知らせないので、社会から見れば無に帰す活動とすらいえます。

他人から意見をもらわないままでは、成果に磨きがかけられません。大勢の聴衆からのいろいろな質問やコメントを受けることで、思わぬ発見が得られます。

たとえば、調べて分かったことであるが、蛇足《だそく》なので論文に書かないといった情報は、いくつもあるものです。それが聴衆との質疑応答で、蛇足ではなく重要な意味を持っていたと気付かされることも大いにあります。「岡目八目《おかめはちもく》」ということわざの通り、自分が重要な点を見落としていても、他人なら楽に見つけられることがあります。

調査や実験が不調で、満足のいかない結果しか得られなかったとしても、他人に向けて発表して「成仏」させてあげないといけません。つたない成果を見せるので、ちょっと悲しいものがあります。しかし、恥を忍んで公表することで初めて、他人から助言を得られるのです。

完璧主義の研究者は、それを嫌って、成果を抱え込んだままにするという傾向があります。学界にも、くだらない発表をすると研究者としての格が下がるという考え方があるので、ますます慎重になります。

『解体新書』の編纂《へんさん》には、前野《まえの》良沢《りようたく》が大きな役割を果たしましたが、なぜか前野の名前は著者として本に載っていません。一説に、前野は内容の出来に不満であり、名前を出したくなかったからだといわれています。

発表したがらない別の理由として、その負担が大きいということもあります。実験は楽しいし、調査も面白いけれど、その成果を文章にまとめることは、面白くない苦行だと感じる人は少なくありません。

成果の発表は、なるべく手軽に、楽しく、やる気が出る方式にしたいものです。

発表の形式には次のものが選ばれます。

- 論文
- ポスター
- プレゼンテーション
- 作品とデモンストレーション

【論文】

論文は、長文を書くことになるので、初心者には難しいといえます。成績を評価する方にとっても、長い論文を何本も読むのは大変です。

調査や実験の結果、細かいデータを大量に持っていて、それを記録し報告したいとなると、たくさん書き込める論文形式を選ぶべきといえます。推薦型の大学入試で、論文を自己アピールの資料として提出するという使い方もできるかもしれません。

優れた成果が得られた時は、ペラペラしたホチキス留めの形ではなく、しっかりした冊子にして論文を配布したいとか、同人誌として販売したいと思うこともあるでしょう。

実際、大規模なサブカルチャー系の同人誌即売会には、自主研究の成果をまとめた冊子が売られています。大学の学園祭でも、文科系サークルはいろいろと冊子を作って売っています。冊子を自作すること自体、楽しいことなのです。

**【ポスター】**

ポスターは、壁新聞の要領で、文を書いたり、写真や図を貼ったりして作ります。もともと面積が限られていますから、長文を書かなくてもそれなりに埋まり、格好がつきます。

野口英世が作ったポスターを見たことがありますが、グラフと写真があるだけで、文字はあまり書いてありませんでした。人に見せる時は、野口自身がポスターの前に立って、口頭で説明を加えるという方式だったのでしょう。

発表を見る側の人間にとっても、ポスターなら、一目ざっと見れば内容を把握できますから手軽です。特に、多数の生徒の成果を評価しようと思うなら、一度に大量に発表ができるポスターは、時間短縮にうってつけの手段であるといえます。大量のポスターを廊下などに並べて貼り出し、各自には説明に立ってもらい、巡回して優劣を見定めるのです。

優秀なポスターを、発表会の後も学校の目立つところに展示し、後輩や見学者に見せるという使い方もできます。

**【プレゼンテーション】**

プレゼンテーションは、プロジェクター（投影機）と、パソコンのプレゼンテーションソフトを使って、紙芝居風に探究の成果を発表する方式です。紙芝居といっても、動画を再生できるので、その点は他の方式にはない長所です。

学界では、プレゼンテーションが最も標準的な発表方式です。発表に10～15分、質疑応答に3～5分という例が多いです。

しかし、1回につき1人しか発表できないので、多くの生徒の探究の成果を全部見ようとすれば、膨大な時間がかかってしまいます。

プレゼンテーションは説得のための話芸といえます。素人が経験もなしにピン芸人になることは難しいですが、プレゼンテーションも同じで、急にはうまくできません。とはいえ、早いうちにプレゼンテーションの経験を積んでおくことは、後々役に立つでしょう。

## 【作品とデモンストレーション】

作品とデモンストレーションは、解説めいた言葉を使うのではなく、直接的に成果物を見て評価する方式です。テーマが「3階の高さから地面に落としても割れないように、卵を包装せよ」といったチャレンジ系のものであるなら、実験をやってみせることが、最も適切な発表方式となります。

この方式なら、制作物を作って実験するだけなので、手間と時間がかかる論文やポスターの制作を省くことも可能という利点があります。

建築や美術、芸術などの分野では、あまり理屈をこねるよりも、言葉にしにくい感性的な部分で良し悪しが評価されます。発表形式は、論文ではなく、作品を展示したり上演したりする形が標準であり、その方面の大学では、卒業制作展が開催されます。

コラム

## あえて成果を発表しなかったダーウィン

成果を公表しなければ全部無駄と言いましたが、あえて公表しない事例もあります。ダーウィンは進化論で有名ですが、彼は、研究成果の公表をかなり長い期間、見合わせていました。進化論は聖書の内容と大きく食い違うため、発表したら大騒動になると考えていたからです。

公表を見合わせたとはいえ、その間も研究を進め、多く物証を集め、理論内容も極めて精緻《せいち》なものになっていきました。その結果は『種の起源』の本に結実しましたが、圧倒的な説得力を持っています。

### ◆論文の章立て

発表で言うべきことは、「何のために、何の問題にねらいをつけ、どんな方法を選び、やってみたらどうなったか」です。

この構成は、学術論文でも基本的に同じです。これらの要素一つ一つを、1つの章にします。より具体的に書くと、論文は次のような構成になります。

- 表題
- 概要
- 第1章　探究の目的
- 第2章　探究の方法
- 第3章　実験（または調査）
- 第4章　結論
- 謝辞
- 参考文献リスト

表題は、成果の顔となりますから、一番誇りたいことにピントを絞ったものにします。「織田信長の食生活の研究」のような、意味するところが広すぎるものや、遠回しなものではダメです。「織田信長は納豆を食べていた」のように、あたかも新聞記事の見出しのような具体的な書き方がよいのです。

（とはいえ、本職の研究者には、抽象的な表題を選ぶ人が大勢います。直接的な表題は勝ち誇った感じがして、よほどの成果でないと恥ずかしいのです。数学での「PRIMES is in P」や、人工知能での「Attention is all you need」といった直接的な表題の論文がありますが、どちらも重大な成果が報告されていて、表題の大胆さと内容の重大さが釣り合っています。）

概要は、要点をかいつまんで3〜5行ぐらいにまとめたものです。新聞記事でいえば、本文の最初の段落がその役目を果たしています。その書き方の感じを真似するとよいです。

なお、概要は補助的な説明であり、それがなくても情報が欠けるわけではないので、不要とする場合もありえます。

第1章では、「何の問題を、なぜ選んだか」と、「どのような仮説を掲げるか」を書きます。

第2章では、「その問題を解くには、どのような方法が最も妥当か」を論考します。いろいろありえる解き方を比較検討するという考察を書く章です。

第3章では、実験や調査をやってみた結果を記述します。考えではなく、やってみた結果を淡々と書くところが、第2章との違いです。

第4章では、「何が分かったか」、そして「探究の経験を経てどう思うか」を簡潔に書きます。仮説は十分に成立したといえるのか。反省点や改良できる点は何か。この探究の途中で、何か別の探究テーマを見つけなかったか。これらを書きます。

この4つの章は本体であり、書くことに手間がかかりそうですが、じつは難しくありません。というのも、探究ノートを書き続けていれば、KPT（38頁参照）の項目に各章の材料が書いてあるからです。

謝辞には、助言や協力をしてくれた人や組織があったら、その名前を書いて、感謝の意を表します。

参考文献リストには、探究で調べた資料を挙げます。情報を引用した資料だけを選びます。読んではみたが情報を使わなかったものは除外します。見てくれをよくしようとして、重要でない文献までやたらにリストに入れるのは、誠実ではないのでやめましょう。

資料を特定するための情報として、著者名、書名、出版社名、刊行年といった項目を書くことになります。しかし、どの項目をどの順番でどう書くかは、学会ごとにバラバラであり、決定版はありません。分かる程度に書けばよいでしょう。

コラム

## 論文に求められる形式——型通りにやれば誰でも書ける

学会によっては、論文の本体の章が指定されていることがあります。

理学系の学会では、たとえば「第１章　研究目的」「第２章　理論・方法論」「第３章　実験手順」「第４章　実験結果」と、あらかじめ決められています。この枠組みに穴埋めの要領で執筆するのです。

実験手順と実験結果を、別の章にしているのは、「実験をこうやりたい」という主観と、「こんな結果が現れた」という客観を交ぜないようにする工夫です。実験手順の部分は「塩酸を注ぐ」というふうに現在形で書き、結果についての部分は「炭酸ガスが発生した」という具合に過去形で書きます。過去形を使うことで、客観的な事実であると強調するのです。

この例では、最後に「結論」の章が設置されていません。結果まで説明し終えたら、それで十分だから、今一度振り返らなくてもよいし、主観的なことも付け加えるべきではないという考えなのです。

これに対して、工学では、実験結果が本当かという点もさることながら、結果が将来的に人間社会に対してどのような価値を持ちうるかの点の方が、議論の主題になります。そのため、「結論」の章を置いて、成果の価値や長所短所、改良方法について持論を述べることが普通です。ちゃんと書かないと、論文を評価する役目の査読者に「価値を吟《ぎん》味《み》せよ」と叱られます。

さて、新聞記事での型は「TTY」が標準的です。Today「今日、何が起きた」、Tomorrow「明日には、こう影響するだろう」、Yesterday「昨日までのいきさつはこうだった」という3要素を、今日、明日、昨日の順番で書きます。過去から未来という順番ではなく、今日を最初に持ってくる点がコツです。この順番で書くと、物事を理解しやすいので、論文でも使えます。

このように、論文や報告文の構成には型があり、それに穴埋めするだけで書けるといえます。論文執筆は、難しく考えなくても、文才がなくても、ある程度はできるものなのです。

## ◆ポスターとプレゼンテーションでの内容と順序

ポスターやプレゼンテーションでも、論文の章立てと同じ項目を説明します。ただし、論文よりは紙面や発表時間の長さの容量が少ないですから、優先度の低いものは省略し、全体もコンパクトにします。

発表項目をたどる順番には、工夫の余地があります。論文と同じ順番を選ぶことが基本ですが、あえて逸脱して、より効果的な形にすることも多いです。

ポスターは、空間的には2次元の広がりを持ちます。観客が、最初にどこに着目して、どう視線を動かすかは、その人の自由です。論文のように「第1章から第4章へ」という順番は強制できません。

観客の興味を引き付けて、内容が分かりやすいレイアウトにすることを最優先にすべきです。「なんといっても完成作品を見てほしい」と思うなら、それを、基本の順番などお構いなしに、目立つ位置に、目立つ大きさで配置するべきです。

こうした心理視覚効果的な技法は、「ビジュアル・インフォメーション・デザイン」という一分野をなしています。その教科書やお手本は、世の中に大量にありますから、真似をしてみてください。たとえば新聞の全面広告は、お手本の典型です。

プレゼンテーションは、時間軸に沿って一方向に進むものです。論文なら読者は飛ばし読みができ、ポスターなら観客が見る順番を自由に選べることに比べると、プレゼンテーションでは発表者が、見る順番を完全に支配できるという特徴が目立ちます。

退屈な順番にしてしまうと、大失敗となります。観客の好奇心や注意力は、冒頭の時間帯にしか保てず、後の方になるとかなり弱まります。よって、プレゼンテーションは、冒頭に最も優れたシーンを持ってきて、観客を話に引き込む必要があります。

冒頭に見せ場を作るために、順番を大胆に入れ替えても、観客は別におかしいとは感じないものです。実際、『刑事コロンボ』や『古畑任三郎』などの推理ドラマでは、冒頭で犯行が公開され、犯人が誰であるかが明かされます。一番の山場を最初に見せて、客の好奇心を引き付けるという仕掛けです。

「起承転結」という伝統的な順番にこだわって、冒頭に「最近の日本では○○が問題であり……」といった、盛り上がりに欠ける「起」の内容を述べたがる人はかなりいます。これは感心しません。演出上は、「結」を冒頭に言うべきです。「犬に足し算を教えることに成功しました」といった、観客をびっくりさせる結論から入れば、成功間違いなしです。

コラム

## プレゼンテーションの本家本元は、80年代のクライスラー会長

効果的で格好もよいプレゼンテーションというと、最近では米国の先進企業の社長自らが舞台に立って、得意げに新商品を説明する光景が思い浮かびます。

あの流儀は、1980年代の自動車会社クライスラーのアイアコッカ会長の真似といっていいでしょう。しかも、アイアコッカの方が、本家本元だけあって、一番優れていると思います。

アイアコッカがクライスラーの会長に就任した時、会社は深刻な経営危機の状態にありました。政府による支援が必要でしたが、政財界には「支援しても無駄である」という意見が強くありました。そのため、会長自身が議会に何度も呼ばれ、メディアにも出て、再建策を説いて回り、反対陣営を切り崩すという長い闘いに巻き込まれます。

出しゃばり根性で出てきたわけではなく、背水の陣で臨んだまでのことですが、彼の顔と人柄は、アメリカの人々に広く知られるようになります。

テレビコマーシャルも、アイアコッカ自身が出演して、一人で全てを説明しきってし

まいます。アイアコッカは、自動車の販売が好きでその業界に入ったというだけあって、セールストークが非常に巧みです。

「多くの人が、アメリカはもはやポンコツだと思っています。品質なんて二の次。勤勉精神はさらに下。責任感なんてフラフープを回しながら飛んで行った、と。さて、わが社のように大変な苦難に遭《あ》うと分かるのです。一番大事なことからしっかりやるべきだと」

これが自動車のテレビコマーシャルの冒頭で、大会社の会長自身が真顔で言っているのですから、視聴者が興味を持たないわけがありません。

そこからは堰《せき》を切ったように、技術の話や、品質保証の話、今どんな車が売れ筋であるかという話をまくしたてます。

普通、自動車のテレビコマーシャルというと、車が快走しているシーンだけを見せたり、あるいは車の外観だけを見せたりといった、製品の一側面ばかりを強調しがちです。しかし、こうしたイメージ的なことだけでは、高い買い物をする決断はできないものです。

「強力かつ低燃費のターボエンジンに一度乗ってしまうと、もうV8エンジンには戻れません」とか、「ワゴン車は便利なので売れすぎて、生産が追い付いていません」と、実質的な判断材料を多角的に並べられると、買おうかなという気にもなります。

締めくくりには、「品質、勤勉、責任感。これなくして未来はありません。私の志はわが社を最高にすることだけです」と殺し文句を置きます。

アイアコッカのプレゼンテーションは、じつは模範的で標準的な内容構成だといえます。

●最初に驚く内容を置いて、観客の注意を引き付ける。
●データに裏打ちされた、質実剛健な論理を展開する。
●最後の言葉で、全体に通底する基本姿勢を述べて、まとまり感をつける。

これらの要点は、プレゼンテーションでは当たり前の原則です。

しかし、この原則に従う人は少ないのです。学界では「最初に研究の背景を申し上げ、次に……」といった章立てそのままの、つまらないプレゼンテーションをしばしば見かけます。これでは勝負になりません。

## ◆論理的な文章を書くコツ

論文を書くための大事なコツを紹介しましょう。これはポスターやプレゼンテーションの制作にも共通する原則です。

### ①書きやすいところから書く。難しいところは後回しにする

論文を第1章から順に書き上げていくことは非常に難しいものです。章の順番は無視して、書きやすい部分を書くようにします。今書いている箇所で筆が進まなくなってきたら、そこは後回しにして、別の比較的書きやすい部分に飛び移ります。

論文を書き始める時は、論文全体で最も簡単な箇所から手を付けることになります。それは謝辞です。お世話になった人と、その内容を並べるだけなので、すぐに書けます。「**まずは謝辞から書け**」と覚えてください。

2番目に簡単な部分は、写真やグラフ、図、表といった視覚的要素です。作文が不得意な人は、まずは視覚的要素を作って、論文に貼り付けるという作業から取り掛かりましょう。

このように、出だしは簡単ですが、執筆は仕上げに近づくにつれて、だんだん難しくなります。

まだ何も書いていない章に、1割ぐらいの内容を書き込むことは、非常に簡単です。白紙のページに、これから書くつもりの項目を、メモ書きの気分で思いつくままに書けばよいのです。

しかし完成間近ともなると、筆が進まなくなります。9割ほど書き込んだ章を、あとひと押しして、10割の完成にまで仕上げることは大変です。この段階になると、微調整の作業が増えてきて、頭を使うことになります。

たとえば、「〜なのである。〜なのである。」といった具合に、同じ末尾の文が連続して出現すると、文章が幼稚に見えて品が下がります。他の言い方に変えるといった修正をせねばならず、手間がかかります。

難しい部分ばかりに執着していると、執筆の進みが鈍ります。難所に出くわしたら逃げ、易しい部分に乗り換えることが、結局は全部を早く仕上げることにつながります。

## ②「等速直線運動」で書く

論文は、議論の出発点から結論に向けて、一直線に、話の速度を一定に保って進展するように書きます。つまり等速直線運動が基本なのです。

出発点はどこにすべきでしょうか？　古代ギリシャの哲学者、アポロニアのディオゲネスは、「議論の出発点は、誰もが異論がないところにすべきである」と言っています。議論抜きで前提してよいことのうち、論文の結論に一番近い命題から議論を始めるのです。

論文の終着点は、「要するに○○だと分かった」という、締めくくりの主張になります。

出発点と終着点を結ぶ直線の上だけを書くようにします。たまには蛇足や余談も書いてみたくなりますが、それは厳禁です。

演劇の世界には「チェーホフの銃」という原則があります。劇に銃が登場するのなら、それは劇中で発砲されねばならず、そうでないならそもそも銃を登場させてはならないという決まりです。思わせぶりに観客の注意を引き付けておきながら、最後まで何もしないものは、劇の足を引っ張ります。論文でもこの原則は同じで、結論に関わらない蛇足は、全てカットします。

話の等速性も守らないといけません。話の進み具合にムラがないようにします。第1章はやたらと行数があるのに、第2章はたった3行といった凸凹状態ではダメです。全体を見て、どの章も同じ程度の詳しさで書かれているようにします。

論文の区切りは「章」だけではなく、より細かい「節」や「項」、「段落」という小集団にまとめることができます。節や項を細かく切りすぎると、行数が少ないものができてしまいます。どのまとまりも、論文の他の部分と比べて同じような情報の濃度になるように、調節しましょう。

特に段落は重要で、内容のまとまりを読者に示す基本の要素です。1つの段落で1つの内容を述べ、次の内容に移る際は、段落を切って改めるようにします。

あまりに長すぎる段落は、内容を削るか、いくつかの段落に切り分けるべきです。19世紀頃までは、論文では段落を全く分けないことが一般的でした。段落という流儀がまだ一般的ではなかったのです。しかし、切れ目のない長文は非常に読みづらいものです。

### ③ポジティブ・チェックしてからネガティブ・チェックする

文章は、1回書けばそれで完成ではありません。何度も手入れをすることになります。最初の推敲《すいこう》は、内容の充実をねらいます。もっと言うべきことはないか、使い残している取材結果はないか、写真やグラフを足したら論文の魅力が増さないか、もっとゆっくり丁寧に説明できないか、もっと多くのことを結論できないか、といったことを考えるのです。この推敲をポジティブ・チェックといいます。

次に、問題点を削る推敲をします。わかりにくい文や、重複した文、結論に関わらない蛇足の話、えこひいきの意見、十分な証拠の裏付けがない見解、不要な個人情報、問題を引き起こしそうな記述などを削ります。これをネガティブ・チェックといいます。

わかりにくい文は、短い文に分割しましょう。主語1つと述語1つの単文にするのです。また、表や箇条書きの形にすると、すっきりすることが多いです。

論文は、質実剛健に最小限のことだけを書く方が明快になります。簡潔さが第一なのです。結論の質が落ちないぎりぎりのところまで、徹底的に削ります。ポジティブ・チェックで質を最大限にまで膨らませ、ネガティブ・チェックで文字数を最小限にまで削るようにしましょう。

「完璧とは、これ以上付け加えることがない状態ではなく、これ以上削れる部分がないことである」（サン＝テグジュペリ）

なお、推敲は、書いた本人がやるのでは、効率がよくありません。論文に論理の飛躍があっても、自分では気が付きにくいのです。

他人はそうした欠陥に敏感です。友人や家族に下読みを頼むとよいでしょう。その際、ポジティブ・チェックをしてほしいのか、ネガティブ・チェックの段階なのかを、はっきり伝えましょう。

コラム

## オッカムのカミソリ

論理的な文章を書く上で、大事な原則として、「オッカムのカミソリ」も挙げねばなりません。

これは、「仮定は最小限にする。仮定しなくても済むことは仮定しない」というルールです。無駄な毛を剃り落とすように、無駄な仮定も剃り落とすべきなのです。

たとえば、「トウガラシを食べたら辛かった」という現象を説明するのに、「トウガラシを口に含んだ瞬間、たまたま何者かが室内に熊撃退スプレーを発射し、その成分によって辛さの感覚が生じたのである」と、たくさん仮定を置いて論理を作ることは、わざとらしくて信用なりません。「トウガラシ自体が辛い」というシンプルな考えの方が妥当でしょう。

論理は仮定が少ない方が優れています。論理を偉大なものに見せようとして、仮定を増やす人がいますが、逆効果です。

## ◆成績の評価方法

探究の成績を評価することは、簡単ではありません。

数学のテストなら、答えの正誤がはっきりしていますから、簡単に点数をつけることができます。正解はただ1つであって、独創性のつけ入るすきがありません。ここまで明快なら、深く考えずに成績をつけることができます。

探究には、あらかじめ定められた「正解」はありません。調査や実験に失敗したからといって、それが不正解というわけではありません。難しい目標に果敢に挑戦すれば、失敗することもあります。失敗の中から貴重な発見を拾い上げられたら、それは「正解」というべきでしょう。逆に、形の上では目標を達成して「成功」したとされる探究は、そもそも目標が低すぎた疑いがあります。

また、独創性が非常に大事です。ありきたりな探究は、たとえその内容が優れていても、すでに既知のことの再確認に過ぎず、高く評価することはできません。

一方で、独創的な試みを正しく評価することは難しいものです。

２０２３年のノーベル生理学・医学賞は、メッセンジャーＲＮＡワクチンの道を切り開いたカタリン博士とワイスマン博士に与えられました。この研究成果は、新型コロナウイルス感染症のパンデミックを抑え込む切り札となり、膨大《ぼうだい》な数の人命を救いました。しかし、この研究は初期の段階では、見込みのないダメな研究と世間から評価され、資金を集めることができませんでした。今からすれば大間違いの評価です。

このように、探究の成果に対して、精度の高い評価をすることは非常に困難です。それでもなお、探究に成績をつけようとする目的は何なのかを、改めて考える必要が出てきます。

人間の営みには、「活動」と「成果」という2つの側面があります。スポーツでいえば、普段の練習や試合中のプレイが「活動」であり、試合の勝敗が「成果」です。

評価は基本的に「活動」に目を向けます。普段からちゃんと練習をしてきたか、そして試合中も適切に動いたかを評価するのです。

補足的な位置に「成果」の評価があります。試合の勝敗を評価しますが、あくまで補助的なものとして考えます。勝ち負けだけを評価すると、しっかり練習してプレイも頑張ったのに負けた不運な人を、ほめることができません。逆に、練習をさぼっていたのに運よく勝った人をほめることも、釈然としません。

学校教育としては、「活動」に手を抜かない人材を育てることが最優先の目的でしょう。探究の評価でも、「活動」と「成果」とを分けて、それぞれの面から評価することが求められます。

その評価の観点は、次の通りです。

●活動：多くの人に会い、多くの資料を調べること。調査に足を運ぶこと。綿密な実験をすること。論文やポスターの図表や文章が細かいところまでしっかりしていること。
●成果：独創的な発見を得ること。学術的価値や社会的意義の高い発見を得ること。

「活動」の面は、客観的に点数をつけやすいものです。手間暇をかけた活動をしているものをほめればよいのです。

「成果」は、客観的に絶対評価することが難しいので、点数ではなく賞形式でほめることにします。たとえば、最も優れているものに「校長賞」、優れているものに「優秀賞」、物理学の題材で優れているものに「物理学賞」などと、賞の体系を工夫して、多めに発行します。

賞は相対評価です。同級生と比較して優れているものに、賞が与えられます。成果の絶対評価は難しいですが、比較して優劣をつけることは、まだしも正確にできると思います。少なくとも、全然ダメなものに優秀賞はいかないでしょう。また、賞ごとに審査の軸が異なるので、ある賞はダメでも、別の賞をもらえるという具合に、多面的な評価ができます。

賞は点数ではありませんが、進学の際に生徒が自分をアピールする材料として使えるので重宝します。

発表者である生徒たちが、互いの発表を評価し合うこともできます。生徒の投票によって「最多得票賞」を選ぶようにします。平等な立場にある者同士の相互の評価は、公平性が高いのです。

発表の評価には、発表者と聞き手の上下関係が色濃く出がちです。

学界にせよ会社にせよ、教授と学生（すなわち師匠と弟子）や、先輩と後輩、上司と部下などという縦社会になっています。成果の発表は、目下の人が目上の人に対して行なうものです。また、オーディションなどでは、聞き手は審査員であり、評価に関する圧倒的な権限を持っています。

目上の人に発表する時は、用心しないといけません。自分の立場が強いことを良いことに、むやみにけなす人が、世の中には一定割合で存在するからです。私は、3年に1回くらいの割合で、自分の研究発表をひどくけなされることがあります。論理的な批判なら傾聴に値しますが、ただただ大きな怒鳴り声で何でもかんでも否定されると、打つ手なしです。

とんだ災難ですが、「災難に遭う時は災難に遭うのがよい。それが災難を逃れる妙法」と良寛の言う通りで、じたばたすると、かえって相手の怒声は増すばかりです。

これはパワー・ハラスメントであり、学界ではアカデミック・ハラスメント（アカハラ）と呼ばれる現象です。アカハラによって多くの人が研究の世界を去ってしまっており、世界的に深刻な問題とされています。縦社会の悪しき風習なのです。孔子は「後生《こうせい》畏《おそ》るべし」（後輩は、将来偉くなるかもしれないから、慎重に接するべきだ）と言っていますが、この言葉に従わない人はいます。

アカハラを防ぐには、評価の場での立場の違いを薄める必要があります。権威とは無縁な生徒の相互評価を取り入れることによって、公平性が感じられる雰囲気を作り出します。

コラム

**謝辞に研究の良し悪しが表れる**

大学の研究室には、先輩たちが書いた論文が数多く保管されています。それらの本文を読破せずとも、謝辞を読むだけで、研究の良し悪しは推し量れます。

謝辞には、どれだけの人に、何を、どう助けてもらったのかが書いてあります。大きい仕事をするには、研究室から飛び出し、様々な人物のところへ押しかけ、教えや助けを乞い、時には共同しなければいけません。大きな仕事・よい仕事の論文は、それだけ謝辞の記述が充実して当然なのです。

謝辞は最初に書くべきパートですが、読む方にとっても、最初に読むべきパートなのです。

## ◆成果を学校の外へ発信する

探究学習で優れた成果を得た場合は、それを本格的に社会に出すことも考えねばなりません。具体的には、学会発表と特許出願です。

世の中には、理文を問わず、じつに多種多様な学会があります。こんな学会があったのかと驚くぐらい、ピンポイントに狭い分野や、意外なテーマを選んで学会が作られています。日本学術会議が協力学術研究団体一覧として学会のリストを公開していますが、これ以外にもたくさんあります。自分の探究内容にぴったり合う学会は、探せば見つかるはずです。

最近は、若い世代の人口が減ってきていますから、どの学会も、学生会員の確保に必死になっています。

ある学会の会長は「うちの学会は小学生の会員がいるのが自慢だ」と言っていました。格式が極端に高い学会は別として、しっかりした論文になっている探究学習の成果ならば、それを専門とする学会で発表することは受け入れられると思います。

学会発表の場はいろいろありますが、分科会や地区大会での口頭発表が、初心者向けの場であり、次いで全国大会での口頭発表があります。最上位は、学会誌・学術誌への論文掲載です。

口頭発表なら、事前の審査はあまり厳しくありません。学術的な主張が明瞭で、発表内容にうそがなく、他の発表と比較して遜色《そんしょく》のないものであれば、発表を許されるでしょう。なお、学会で発表するには、基本的にはその学会の会員になる必要があります。会費は学生割引を使えば、数千円で済みます。

さて特許も、探究の成果を世に出す手段です。特許にしなかったことで、一攫千金《いっかくせんきん》を逃して後悔するという可能性があるので、しっかり考えないといけません。

探究活動で何かを発明する可能性は小さくはありません。特許になりえる「発明」とは、特許法二条によれば「自然法則を利用した技術的思想の創作のうち高度のもの」となっています。最近は間口を広げられており、ビジネスの仕方についてのアイデアも特許にできます。

発明を特許として権利化すれば、他人が勝手にその発明を使うことを、法の力によって禁止できます。使用したい人や会社が出現すれば、発明者である生徒は使用料をもらえるようになるかもしれません。

特許は、とどのつまりはビジネスのための制度であって、損得勘定の話です。儲かる場合に限り特許を目指します。学術的に優れていることは、特許化の理由にはなりません。特許を作るための事務作業にはそこそこの費用がかかります。特許に使用料を払ってくれる人や買い取ってくれる人が現れなければ、収入ゼロとなり、お金を損しただけに終わります。逆に重大な発明なら、一攫千金のチャンスですから、これをみすみす権利化せずに逃すことは大損になります。大勢の生徒が探究活動をするのですから、その中のいくつかは、ちゃんと特許にすれば、お金を稼ぐ可能性があるでしょう。

特許を目指した方が得となれば、「明細書」と呼ばれる独特の書式に発明の内容を書いて、特許庁に出願することになります。その作業は、専門家である弁理士に頼んで代行してもらうことになります。

特許の制度は頻繁に改正されがちなので、この本で詳しく述べることは避けます。よろずのことは、弁理士に相談しましょう。

ただ、最近の傾向として、簡単に出願できるように進んでいることは注目に値します。特許は原則として、そのアイデアを世間に公表した後では、受け付けてもらえません。発表前に出願を済ませなければ、基本的には無効なので、忙しくて大変でした。

最近は、その救済策が拡充してきました。特許法三十八条の二に、いわゆる「日本版仮出願」制度が規定されました。これは明細書を作成することが間に合わない場合であっても、権利を受ける方法を与えています。

特許出願にかかる費用は、特許成立までの長い道のりの第一歩である出願だけなら、20万円程度です。料金表をあらかじめ公表している弁理士も多くいます。出願するだけに終わっても、その事実を履歴書などに載せることができるので、無駄ではありません。

特許でお金を稼ぐためには、出願から3年以内に審査を受けて、正式な特許として認めてもらわないといけません。3年待ってみて、誰も使用料を払う気配がない（つまり稼げない）特許は、審査の料金が無駄になるだけですので、放棄します。

コラム

## 論文の質と数の低下——研究の評価の難しさ

日本の大学や研究機関が作り出す論文の総数は、年々減少傾向にあります。他の主要国は増加や横ばいなのに、日本の研究力はだんだんと弱まっていると見られています。

「今すぐ論文数を増やせ」と言われれば、研究者は簡単に水増しできます。本来ならば1本の論文で書くべき内容を、小細工して2つに分割すれば、2本の論文ができあがります。あるいは、すでに発表した論文にちょっとした内容を加えて、新たな論文だと言い張ることもできます。

ただし、度が過ぎた水増しは、研究不正行為です。最近になって、全世界の論文を見張る人工知能が作られ、水増しは取り締まりを受けるようになりました。「質の低い論文はダメだ。一流学術誌に掲載される論文を増やせ」といっても、その一流学術誌に掲載された論文でデータ改ざん事件が連発しています。一流学術誌に載ったからといって、論文の質が高いとは限りません。

そもそも一流学術誌の格付け自体、かなり怪しいものがあります。被引用回数、すなわち「掲載された論文が他の論文で引用された回数」を学術誌の質の指標とするという意見があります。実際、それでランキングが作られていますが、それほど格が高くない学術誌が高く評価されたりすることがあります。特定の研究者仲間の間で、互いに論文をやたらと引用し合う互助会を結成すれば、当然、見かけ上の被引用回数は増やせます。

学術分野によっても引用の慣習が違います。本文が10ページほどの論文なのに、何十本もの他の論文を引用することがざらという分野があります。引用文献リストが貧弱だと論文が見劣りするのが嫌ということもあるでしょうが、ただの互助会なのではと疑いたくなります。

こうした分野の学術誌は、当然、被引用回数が多くなり、他分野の学術誌に比べて、数字の上では高級であるかのように錯覚されます。

このような事情があって、論文発表に根拠を置く研究の評価は難しく、評価者をだますトリックも使われてしまいます。

本来、研究の評価は単純であるべきだと思います。「あなたはどんな研究をしてきたのですか？」と問われたとき、「あそこにあるあの機械に私の発明が入っています」とか、「あの謎を解いて新聞に取り上げられたのは私です」と、社会への影響を指し示せば、分かりやすく、うそもありません。

論文を書いて学界内で自慢して終わりではなく、「社会に変化をもたらす成果を作る」という執念を持ちたいものです。

# あとがき

ごく若いうちから、探究に手を染め、何らかの成果を得ることは簡単ではありません。ましてやその成果を学会で発表できれば、大したものです。学会発表には、独創性と質が必要になります。10代で、いきなりその域に達する論文を書けることは、非常にまれです。

ジークムント・フロイトとヴィクトール・フランクルは、どちらも精神医学界の高名な学者です。フランクルは10代の時に、すでに大家であったフロイトと学術的な内容について文通で議論していました。10代だったフランクルが、論文を書いて渡したところ、フロイトはそれを学会誌の編集部に送りました。これは編集部に掲載を推薦したという意味です。10代の少年が書いた論文が、あのフロイトの査読をパスしたのです。ここまで早熟だと呆然《ぼうぜん》としてしまいます。

フランクルは幼い頃から、精神医学について強い興味があり、自主的に大学の講義を聴講していたそうです。中学校の探究学習では、心理学実験のデモンストレーションもしています。

そもそも研究には年齢は関係ないのです。10代には学会発表はまだ早いが、20代ならしていいというわけではありません。

学者の中には、自著は経験を重ねた50代以降に、完璧な教科書を書けるようになってから出版するべきであって、若いうちは手を出すべきではないという意見の人がいます。未熟な若造が、粗削りの本を書いてしまうことを意味する「若書き」という言葉すらあります。年を取らないと資格がないという価値観は、日本社会には根強くあると思います。

私の考えは逆で、好球必打。出版できるチャンスは希少なのです。それが巡ってきたのであれば、年齢にかかわらず、絶対に逃すなという方針です。自分の若さを気にして自己規制していては、成長できません。

探究はなるべく早いうちに経験するべきです。自分が何をしたいのか、何に向いているのかがよく分かるからです。下手でも気にせず、やってみましょう。本格的な探究を経験できれば素晴らしいと思います。この本の書いた意図は、まさにそこにあります。

以上

中田亨（なかたとおる）

1972年神奈川県生まれ。東京大学大学院工学系研究科修了。博士（工学）。現在、国立研究開発法人産業技術総合研究所人工知能研究センターNEC―産総研人工知能連携研究室副連携室長。中央大学大学院理工学研究科客員教授。内閣府消費者安全調査委員会専門委員。人間のミスと安全に関する研究を様々な業種との共同研究において現場主義で進めている。著書に『「事務ミス」をナメるな！』『「マニュアル」をナメるな！』（ともに光文社新書）、『防げ！現場のヒューマンエラー』『ヒューマンエラーを防ぐ知恵』（ともに朝日文庫）、『理系のための「即効！」卒業論文術』（講談社ブルーバックス）、『多様性工学』（日科技連出版社）、『テストに強い人は知っている ミスを味方にする方法』（笠間書院）などがある。

中高生《ちゅうこうせい》のための「探究学習《たんきゅうがくしゅう》」入門《にゅうもん》
テーマ探《さが》しから評価《ひょうか》まで

2024年4月30日初版1刷発行

著　者 ―― 中田亨
発行者 ―― 三宅貴久
装　幀 ―― アラン・チャン
印刷所 ―― 萩原印刷
製本所 ―― 国宝社
発行所 ―― 株式会社光文社
東京都文京区音羽1-16-6（〒112-8011）
https://www.kobunsha.com/
電　話 ―― 編集部03(5395)8289　書籍販売部03(5395)8116
制作部03(5395)8125
メール ―― sinsyo@kobunsha.com


ISBN 978-4-334-10293-7

1286
# 京大合格高校盛衰史
天才たちは「西」を目指した

小林哲夫

京大の「自負」と高校の「執念」。自由の校風と最先端研究を目指して繰り広げられた京大受験の歴史を、一九四九年以降の合格者数ランキングから徹底分析。東大ではダメなんだ!

978-4-334-10133-6

1287
# 台湾の本音
〝隣国〟を基礎から理解する

野嶋　剛

首都はどこ? 親日である理由は? 中国とはどういう関係? 日本で関心が高まるわりに、実情はよく知られていない台湾。そんな〝隣国〟の姿を6つの問いから詳らかにする。

978-4-334-10170-1

1288
# 白内障の罠
一生「よく見る」ための予防と治療

深作秀春

後悔しないために…日常生活や栄養面での留意点、手術法の歴史や最新治療について、世界的眼科外科医が徹底解説&警告! プロの画家でもある著者が「見るとは何か」から教えます。

978-4-334-10171-8

1289
# ボロい東京

三浦展

錆、苔、扉、管、看板、郵便受け……。ボロいのに、いや、ボロいからこそ美しい。ありふれたようで失われつつあるボロい風景の数々を、十数年撮りためたスナップから厳選した写真集。

978-4-334-10172-5

1290
# 日本のクラシック音楽は歪んでいる
12の批判的考察

森本恭正

これまで日本で検証されてこなかった「真実」とは――。私たちは何を見逃し、聴き逃してきたのか。作曲家・指揮者が、二十年を超える思考の上に辿り着いて示す、西洋音楽の本質。

978-4-334-10196-1

1291

## 「生命の40億年」に何が起きたのか
生物・ゲノム・ヒトの謎を解く旅

林純一

40億年前に誕生し、姿形を変えながら現在まで連綿と命をつないできた生き物たち。その本質とは一体何なのか。常識を疑った先に広がる、ユニークな生き物たちの世界を描いた意欲作。

978-4-334-10197-8

1292

## 日本のヴァイオリニスト
弦楽器奏者の現在・過去・未来

本間ひろむ

日本におけるヴァイオリン受容史から、「歴史的名器」をめぐる逸話、新世代の弦楽器奏者まで、「楽器に選ばれし者」の物語。【日本のヴァイオリニスト・ディスコグラフィ30】付録付き。

978-4-334-10198-5

1293

在宅緩和ケア医が出会った
## 「最期は自宅で」30の逝き方

髙橋浩一

どこで、どのように過ごし、最期の時を迎えるか。希望をどう叶えるか。在宅緩和ケアに取り組んできた医師が紹介する、患者との出会いから看取《みと》りまでの数々のストーリーから学ぶ。

978-4-334-10199-2

1294

## スカウト目線の現代サッカー事情
イングランドで見た「ダイヤの原石」の探し方

田丸雄己

育成の進歩、移籍競争の激化、データでの目利きなど、サッカー界の最前線で起きていることを英国で活動する若きスカウトが分析するとともに、謎に包まれたスカウトの仕事を語る。

978-4-334-10221-0

1295

## 創作者の体感世界
南方熊楠から米津玄師まで

横道誠

天才たちの仕事を読み解く鍵は、発達障害に通じる特性が握っていた？　発達障害と診断された文学研究者が、自身の「感」と「知」で文献を渉猟。「障害」の意味を読み替える「当事者批評」実践の書。

978-4-334-10222-7

1296
## 大江健三郎論
### 怪物作家の「本当ノ事」
井上隆史

大江健三郎とは何者だったのか――。「奇妙な仕事」『万延元年のフットボール』『沖縄ノート』など、その作品世界を丹念に追うことで、いまだ明らかになっていない大江像を探る。

978-4-334-10223-4

1297
## 嫉妬論
### 民主社会に渦巻く情念を解剖する
山本圭

隣人が、同僚が、見知らぬ他人が羨ましい――。苦しく、みっともない感情にどうしてこうも振り回されるのか。人々を揺さぶる「厄介な感情」を政治思想の観点から多角的に考察。

978-4-334-10224-1

1298
## 漫画の未来
### 明日は我が身のデジタル・ディスラプション《破壊的変革》
小川悠介

スマホ向け漫画「ウェブトゥーン」の台頭に、絵を自動で描く「生成AI」の進化。デジタル時代に、漫画はどこへ向かうのか？ 取材を重ねた記者が、経営・ビジネスの観点からその未来図を探る。

978-4-334-10225-8

1299
## 死なないノウハウ
### 独り身の「金欠」から「散骨」まで
雨宮処凛

失職、介護、病気など、「これから先」を考えると押し寄せる不安……。各界の専門家に取材し、役立つ社会保障制度などを紹介する、不安な人生をサバイブするための必須情報集！

978-4-334-10226-5

1300
## 〈共働き・共育て〉世代の本音
### 新しいキャリア観が社会を変える
本道敦子　山谷真名
和田みゆき

当事者インタビューで明らかになった、〈共働き・共育て〉を志向するミレニアル世代の本音、そして子育て中の男性の苦悩。当事者、そして企業が取るべき対策とは？【解説・佐藤博樹】

978-4-334-10249-4

1301
## 子ども若者抑圧社会・日本
社会を変える民主主義とは何か
室橋祐貴

変化の激しい時代に旧来の価値観で政治が行われ、閉塞感が漂う日本。先進諸国で若い政治リーダーが台頭している中、なぜ日本だけ変われないのか？ 若者が参加できる民主主義を示す。

978-4-334-10250-0

1302
## 子どものこころは大人と育つ
アタッチメント理論とメンタライジング
篠原郁子

ボウルビィが提唱したアタッチメント（愛着）は、子どもにとって重要なすべての大人との間に形成されうる。心で心を思うこと《メンタライジング》をベースに、アタッチメント理論をわかりやすく解説する。

978-4-334-10251-7

1303
## 頭上運搬を追って
失われゆく身体技法
三砂ちづる

今の日本では失われつつある身体技法「頭上運搬」。沖縄や伊豆諸島ほか日本各地や海外にその記憶と痕跡を訪ねる。生活や労働を支えた身体技法と、自らの身体への理解や意識を考察。

978-4-334-10252-4

1304
## 定点写真で見る　東京今昔
鷹野晃

江戸・明治・大正・昭和――。東京はいかに変貌したのか。東京を撮り続けて40年の写真家が、「定点写真」という手法を用いて破壊と創造の首都を徹底比較。写真451点収録！

978-4-334-10253-1

1305
## バッタを倒すぜ　アフリカで
前野ウルド浩太郎

世界中を飛び回り、13年にわたって重ねてきたフィールドワークと実験は、バッタの大発生を防ぐ可能性を持っていた！ 新書大賞受賞、25万部突破の『バッタを倒しにアフリカへ』続編。

978-4-334-10290-6

# 光文社新書

1306
## 中日ドラゴンズが優勝できなくても愛される理由
喜瀬雅則

2年連続最下位でも視聴率と観客動員は好調。なぜ順位と人気は相関しないのか？ 優勝の可能性は？ 立浪監督はじめ多くのOBや関係者への取材を基にしたドラゴンズ論の決定版。

978-4-334-10291-3

1307
## ダーウィンの進化論はどこまで正しいのか？
### 進化の仕組みを基礎から学ぶ
河田雅圭

『種の起源』刊行から一五〇年以上がたった今、人類は進化の仕組みをどれほど明らかにしてきたのか。世に流布する進化の誤解も解きほぐしながら、進化学の最前線を丁寧に解説する。

978-4-334-10292-0

1308
## 中高生のための「探究学習」入門
### テーマ探しから評価まで
中田亨

仮説を持て、さらば与えられん！ アイデアの生み出し方、調査や実験の進め方、結果のまとめと成果発信、安全や倫理等を具体的にガイド。研究者の卵や大人にも探究の面白さを伝える。

978-4-334-10293-7

1309
## 世界の富裕層は旅に何を求めているか
### 「体験」が拓くラグジュアリー観光
山口由美

旅に大金を投じる世界の富裕層が求めるものは？ 彼らの旅のスタンダードとは？ 近年のラグジュアリー観光を概観し、安心や快適さではない、彼らが求める「本物の体験」を描き出す。

978-4-334-10294-4

1310
## 生き延びるために芸術は必要か
森村泰昌

歴史的な名画に扮したセルフポートレイト作品で知られ、「私」の意味を追求してきた美術家モリムラが、「芸術」を手がかりに「生き延びること」について綴ったM式・人生論ノート。

978-4-334-10295-1